Meine Erlebnisse
mit den
Engeln Gottes

Meine Erlebnisse mit den Engeln Gottes

Herausgegeben von Vera C. Lux

Aus der Reihe
LEBENSDIMENSIONEN
Band 3

Bibliografische Information der Deutschen Nationalbibliothek:
Die Deutsche Nationalbibliothek verzeichnet diese Publikation in der Deutschen Nationalbibliografie; detaillierte bibliografische Daten sind im Internet über http://dnb.dnb.de abrufbar.

© 2020 Vera C. Lux
Satz, Layout und Umschlaggestaltung: Vera C. Lux
Bilder von Karla Schröfl
Herstellung und Verlag: BoD - Books on Demand, Norderstedt
ISBN: 978-3-7526-2374-1

Inhaltsverzeichnis

Vorwort der Herausgeberin

… „mit den Engeln Gottes"!? – Wieder einmal Geschichten aus dem Zauberreich der Märchen, Sagen und Legenden? Oder Kostproben aus der fantastischen Literatur? Oder gar Illusionen, Halluzinationen, Visionen eines Träumers und Schwärmers? – Oder könnten es vielleicht doch außersinnliche Wahrnehmungen übersinnlicher Phänomene jenseits der irdisch-materiellen Lebensebene sein? Etwa tatsächliche Erlebnisschilderungen eines mit besonderen Fähigkeiten begnadeten Erdenmenschen, der uns Einblicke in ganz reale jenseitige Lebensdimensionen gewährt? Wunderbare geistige Wahrheiten womöglich, die in dieser lebensnahen Darstellungsform auf recht außergewöhnliche Art und Weise zum Ausdruck gebracht werden?

Woher kommen geistige Wahrheiten überhaupt? In letzter Konsequenz von unserem Schöpfer! Und wie kommen solche geistigen Wahrheiten vom Schöpfer zu uns Erdenmenschen? Indem sie über viele, viele Dimensionen heruntertransformiert uns Erdenmenschen von seinen Engeln übermittelt werden. Doch wie können Engel Gottes diese geistigen Wahrheiten uns Erdenmenschen übermitteln? Sind sie doch geistige Wesenheiten und sprechen keine irdische Sprache! Also brauchen sie für ihre Kundgaben aus dem Jenseits ins Diesseits sozusagen einen speziellen „Transformator" oder „Übersetzer" vom Geistigen ins Irdische, eine Mittelsperson, die als Mittler oder Medium bezeichnet wird.

Bei so einem Mittler handelt es sich demnach um einen speziell zu dieser verantwortungsvollen Aufgabe berufenen Erdenmenschen mit bestimmten geistseelischen Eigenschaften und Fähigkeiten, der sich den Engeln Gottes als Sprachrohr oder Kanal zur Verfügung stellt, damit jene ihre Gedanken oder Bilder „durch ihn" in menschlichen Worten gesprochen oder geschrieben zum Ausdruck bringen, also uns Erdenmenschen vernehmbar und auffassbar machen können.

Welche Anforderungen werden die Engel Gottes wohl an so einen Mittler stellen, wenn sie uns Erdenmenschen hochschwingende geistige Wahrheiten mitteilen wollen? Soll doch gewährleistet sein, dass diese geistigen Wahrheiten wahr und klar, rein und unverfälscht kundgegeben werden! Wie wird also so ein Werkzeug beschaffen sein müssen, um für Botschaften der Engel Gottes gut geeignet zu sein? – Möglichst rein, edel und tugendhaft sollen seine Seelenkräfte entwickelt sein, denn „Verschmutzungen" durch jederlei Untugenden würden ja in der Übermittlung von geistigen Wahrheiten durch so einen unsauberen Kanal mitschwingen und sie beeinträchtigen oder gar verfälschen.

Nur ein demütig im Willen Gottes dienendes Werkzeug soll er sein, so ein Mittler für die Engel Gottes, der sich vom eigenen Wollen ganz freimachen und sich nur ihnen hingeben will und ihren Botschaften, der nichts aus sich selbst will (womöglich um des irdischen Ansehens, Ruhmes oder gar eines materiellen Gewinnes wegen), sondern durchglüht ist in seinem Inneren von der Liebe zu Gott, zu seinen Mitmenschen und zur Wahrheit. Aber auch ein starker Glaube und ein unerschütterliches Vertrauen auf Gott und Christus sind vonnöten, um den Angriffen der Mächte der Finsternis widerstehen zu können.

Bei einem gottgewollten Verkehr mit den Engeln Gottes sind es stets die Engel Gottes, die den Mittler auswählen, durch den sie ihre Botschaften kundgeben wollen, und nicht umgekehrt. Und nur wenn jener als menschliches Werkzeug demütig, edel und rein ist, kann sich auch ein wahrer Engel Gottes durch ihn kundgeben.

So ein von den Engeln Gottes ausgewählter Mittler hat aber keine Sonderstellung als Erdenmensch. Für ihn gelten keinerlei erleichternde Ausnahmeregeln in den göttlichen Gesetzen. Er muss sich als Erdenmensch bewähren und seinen Erdenlebensprüfungen und Herausforderungen genauso stellen wie wir alle. Ja noch mehr! Da die Mächte der Finsternis bestrebt sind, jede gottgewollte Verbreitung geistiger Wahrheiten unter den Erdenmenschen zu verhindern, ist ihnen gerade ein im Willen Gottes dienender Mittler ein besonderer Dorn im Auge, sodass sie ihn mit allen Mitteln an der Erfüllung seiner Erdenmission hindern wollen, indem sie ihm sein Erdenleben zu erschweren suchen oder überhaupt nach seinem Erdenleben trachten.

Und um so einen Mittler zwischen Jenseits und Diesseits handelt es sich beim Autor dieses Buches! Um einen Mittler, der jahrzehntelang demütig und gehorsam im Willen Gottes den Engeln Gottes als Medium für die Übermittlung unzähliger Botschaften gedient hat.

In hohem geistigen Auftrag wurde schließlich an ihn die Bitte herangetragen, seine Memoiren als Erdenmensch zu schreiben und dabei den Fokus auf seine Erlebnisse mit den Engeln Gottes zu richten. Und dieser Bitte ist er nachgekommen, er als Erdenmensch! Es waren in diesem Fall nicht die Engel Gottes, die durch ihn geschrieben haben – wie bei den vielen geistigen Kundgaben, die auf solche Weise zustande gekommen und veröffentlicht worden sind – nein!

Im vorliegenden Buch erzählt uns dieser Mittler aus seinem Erdenleben, gibt berührende und ergreifende Einblicke in seine Kindheit und Jugendzeit, lässt uns seine Sorgen und Nöte in so manchen Erdenlebenskämpfen miterleben, vertraut uns Begebenheiten aus seiner medialen Ausbildungszeit an und erklärt verschiedene mediale Wirktätigkeiten. Seine Bedrängnisse und Drangsale durch die Angriffe der Dunkelmächte schildert er ebenso, wie er uns teilhaben lässt an ganz persönlichen geistigen Höhenflügen und seinen für viele Menschen vielleicht unvorstellbar, ja unglaublich anmutenden beseligenden Erlebnissen mit den Engeln Gottes. Und all das erzählt er uns so, wie es ihm aus seinem Inneren geflossen ist, ganz menschlich.

Dafür sei ihm gedankt im Namen aller Leser, die aus seinen Erlebnissen mit den Engeln Gottes nicht nur geistige Erbauung erfahren, sondern darin auch Anregungen finden, das eigene Erdenleben zu reflektieren im Hinblick darauf, selbst erlebte Führungen, Lenkungen und Leitungen durch die Engel Gottes, durch ihre Schutzengel jetzt zu erkennen. Und für die Zukunft wird jeder Leser daraus umso mehr geistigen Gewinn schöpfen können, je bewusster und inniger er diese lieben Engel Gottes darum bittet, ihn durch sein weiteres Erdenleben im Willen Gottes zu führen, zu lenken und zu leiten.

Vor dem Vertiefen in die Engelerlebnisse bleibt ein wichtiger Hinweis der Herausgeberin allerdings unverzichtbar:

Nicht alle Wesenheiten, die sich als Engel Gottes ausgeben, sind auch solche! Unter den klingendsten Namen können sich nämlich ganz raffinierte Täuscher aus den Reihen der Dunkelmächte melden! Wie sich die Spreu vom Weizen unterscheiden lässt? – An den Früchten, also am geistigen Wahrheitsgehalt der übermittelten Botschaften, den es stets mit der gottgegebenen Vernunft zu prüfen gilt!

Mittler ist nämlich nicht gleich Mittler! Ein gottgewollt dienender Mittler ist schon vor seiner Inkarnation für die Mittlerschaft ausersehen, hat sich bereits vor seinem Erdenleben zur Übernahme dieses schweren Amtes freiwillig bereit erklärt und ist dementsprechend geistig darauf vorbereitet worden. Von den Engeln Gottes wird er aber auch in seinem Erdenleben als Erdenmensch um seine Zustimmung zur Erfüllung dieser Aufgabe gefragt, da die Engel Gottes stets den freien Willen der Menschen achten.

Menschen hingegen, die ohne entsprechende geistige Vorbereitung, ohne eine sich selbst bereits erarbeitete Seelenreife,

14

ohne entwickelte Tugenden und ohne einen Kontrollengel auf eigene Faust und mit dem Ego-Willen selbst einen medialen Kontakt zu jenseitigen Wesenheiten erzwingen wollen, werden zwar möglicherweise auch „Nachrichten aus dem Jenseits" erhalten, meist aber nicht aus dem lichten Jenseits.

Dieser Nachtrag sei als liebevolle, aber eindringliche Warnung ganz besonders all jenen Lesern ans Herz gelegt, die gerade in der Jetztzeit womöglich mit solch einem Unterfangen liebäugeln ... Ganz klar und deutlich: Bitte keine Experimente in Eigenregie, keine Selbstversuche! Dafür kann nicht nur keinerlei Verantwortung übernommen werden, sondern es besteht die große Gefahr, dabei zu einem höchst bedauernswerten Opfer der Dunkelmächte zu werden.

Ein Engel Gottes weht, wo er will! Ein Engel Gottes hilft aber immer, wenn er aufrichtig um Hilfe gebeten wird, und er hilft immer so, wie es für den Bittenden zu dessen Besten ist – im Willen Gottes!

Im Herbst 2020

Vera C. Lux

Einführende Worte eines Mittlers zwischen Jenseits und Diesseits

Mein Erdenleben nach dem Plan Gottes

In meinem Erdenleben waltet ein weiser Plan Gottes, welchen ich mit der Hilfe von Jesus, dem Christus, und den Engeln Gottes bisher hoffentlich erfüllen konnte.

Nach meiner jetzigen Überzeugung sagte ich zu diesem Plan vor meiner Inkarnation Ja. Viele Erdenfreunde taten ebenso und erfüllten ihren Plan, sodass wir zusammen eine Einheit – näher zu Gott! – bildeten und bestrebt waren, die Liebeslehre Jesu den Erdenmenschen kundzutun. In diesem Plan waren auch meine liebevolle Frau und ebenso unsere liebe Tochter enthalten, die mir beide in meinem bewegten Erdenleben treu und helfend zur Seite standen. In Demut aufrichtigen Dank an alle für alles!

Eine Bitte von Christus an mich

Es war der Wunsch von Jesus, dem Christus, dass dieses Werk zustande komme! Daher übermittelte Josef von Nazareth durch mich und an mich die nachstehenden Worte von Christus: „Dieser Mittler soll mir – und du, lieber Erdenvater Josef, sollst ihn davon überzeugen – seine Erlebnisse mit den Engeln Gottes vom Kleinkindalter an bis zum Jetztzeitpunkt zu Papier bringen, denn ich ersehe, dieses zukünftige Offenbarungswerk kann vielfach dazu beitragen, dass Erdenmenschen wieder auf den Weg zu mir, Christus, gelangen." (Auszug aus einer geistigen Kundgabe im April 2019)

Konnte ich Christus diese Bitte an mich abschlagen? Ihm, dem ich so viele Jahrzehnte meines Erdenlebens lang als Mittler für geistige Kundgaben der Engel Gottes gedient habe?

Wie ich diese Bitte erfüllen sollte …

… wusste ich zwar nicht so recht, doch vertraute ich wie immer auf die Hilfe der Engel Gottes. Wurde „von mir" doch schon so vieles geschrieben, aber es waren stets geistige Kundgaben der Engel Gottes „durch mich" als Mittler, stets war ich nur das irdisch notwendige menschliche Werkzeug für die Übermittlung der geistigen Botschaften, nicht deren Autor. Nie und nimmer wäre ich auf die Idee gekommen, „aus mir selbst" etwas für eine Veröffentlichung zu schreiben, schon gar nicht „über mich selbst"!

Insgeheim hoffte ich schon, dass mir die Engel Gottes dabei helfen werden, indem sie mir in bewährter Art und Weise hellhörend oder inspirierend diesmal eben unsere gemeinsamen Erlebnisse diktieren würden … Doch nichts dergleichen geschah!

Also blieb mir nichts anderes übrig, als mich „ganz allein", wohl aber mit der Bitte um Hilfe von oben, an die Arbeit zu machen und dieses von mir gewünschte Werk zu vollbringen. Möge mit dem vorliegenden Buch die Bitte von Christus an mich in seinem Sinne erfüllt sein!

Erzählungen aus meinem Erdenleben mit den Engeln Gottes

Mir war zunächst nicht klar, warum ich meine Erlebnisse mit den Engeln Gottes schon vom Kleinkindalter an zu Papier bringen sollte, hatte ich doch damals als Kind die Führung der Engel Gottes in meinem Leben noch gar nicht bewusst erkennen können. Außerdem dachte ich, mich an vieles aus dieser Zeit gar nicht mehr erinnern zu können. Aber ich wollte der an mich gerichteten Bitte auch in diesem Punkt willig und gehorsam nachkommen.

Und siehe da – als ich mich innerlich frei und zum Niederschreiben bereit gemacht hatte, fühlte ich mich förmlich in meine Kindheit zurückversetzt. Verschiedene Erlebnisse konnte ich in ihren Einzelheiten so in mein Bewusstsein heben, wie ich es eben als Kind erlebt hatte und als Kind wohl auch zum Ausdruck gebracht hätte.

Bei der nachträglichen Betrachtung meiner niedergeschriebenen Kindheitserlebnisse aus meiner Erwachsensicht wurde mir jedoch in großer Dankbarkeit das oftmalige hilfreiche und schützende Eingreifen der Engel Gottes nach dem weisen Plan Gottes in meinem Erdenleben bewusst. Deshalb habe ich, meinem heutigen Geistwissen entsprechend, den Schilderungen meiner Kindheitserlebnisse den einen oder anderen Hinweis auf die geistigen Zusammenhänge hinter den irdischen Geschehnissen hinzugefügt.

So beginne ich denn, aus meinem Erdenleben zu erzählen …

Die Führungen der Engel Gottes in meiner Kindheit und Jugendzeit

Ich wurde im Mai 1937 in einem kleinen Ort im nordöstlichen Weinviertel geboren. Als ich etwas mehr als zwei Jahre alt war, wurde meine Mama ins lichte Jenseits abberufen, einige Monate später mein Großvater. Den genauen Zeitpunkt, wann mein Vater zum Kriegsdienst eingezogen und an die Front geschickt wurde, weiß ich nicht, jedenfalls war ich alsdann sozusagen ein Waisenkind.

Das Gericht bestimmte meine Großmutter zu meinem Vormund, ich lebte also bei ihr. Sie hatte drei unverheiratete Töchter und bewirtschaftete eine kleine Landwirtschaft, wo alle zupacken mussten, so auch ich. Anfangs waren es nur kleine Dienste, welche ich zu verrichten hatte, mit zunehmendem Alter wurden mir auch schon größere Arbeiten zugewiesen.

Die lieben Spielkameraden als Erfüllungsgehilfen

Zum Spielen mit anderen Kindern war meine Freizeit knapp, aber gelegentlich durfte ich als Kleinster doch mitspielen. Dies bereitete mir Freude und es ging auch eine Zeit lang gut – bis einer von den größeren Buben beim sogenannten „Bären-Austreiben", einem damals beliebten Kinderspiel, zu mir sagte: „Du musst sterben!" Er wiederholte es immer wieder und auch alle anderen stimmten laut mit ein. Da lief ich nach Hause und erzählte weinend meiner Großmutter, dass meine Spielkameraden unentwegt geschrien hatten, „Du musst sterben! Du musst sterben!" Sie hörte mir zu und versuchte mich damit zu trösten, dass die Buben es beim nächsten Mal bestimmt vergessen hätten.

Leider war dem aber nicht so! Kaum hatte ich wiederum ein wenig mitspielen dürfen, prasselte es schon auf mich ein: „Du musst sterben!" Wieder lief ich weinend nach Hause, meinem Weinen wurde diesmal aber nur wenig Beachtung geschenkt, denn es warteten ja Arbeiten auf mich, und diese hatte ich zu erledigen. Mit meinem Heranwachsen gab es immer mehr kleinere und größere Arbeiten für mich zu verrichten, wie zum Beispiel Heizmaterial zum Kochen herbeischaffen, kleine Einkäufe erledigen, die Tiere füttern, öfter auch das Essen nachtragen, wenn über Mittag auf dem Feld gearbeitet wurde usw.

Nach einiger Zeit wollte ich es noch einmal versuchen, mit den anderen Buben zu spielen. Aber als sie mich nur kommen sahen, kam mir sogleich ihr Geschrei entgegen: „Du musst sterben! Du musst sterben!" Da sah ich ein, dass es zwecklos war, und verzichtete in Hinkunft auf weitere Versuche, zumal ich unter solchem Geschrei ohnehin nicht mehr mitspielen wollte.

Wenn ich mit meinem jetzigen Geistwissen auf diese Situation zurückblicke, so erkenne ich, dass meine lieben Spielkameraden, die mich seinerzeit ausgrenzen und vertreiben wollten, negativ beeinflusst waren. Sie waren Erfüllungsgehilfen satanischer Mächte, um mich zu quälen und zu zermürben, sodass ich damals kleiner Bub mich verzagt, traurig und einsam fühlen sollte. Aber die Hilfe der Engel Gottes hat mich geistseelisch durchhalten lassen.

Absturzgefahr – meine erste Lebensrettung durch die Engel Gottes

Als ich ungefähr fünf Jahre alt war, lief ich einmal ganz allein in Großmutters Obstgarten. Schon länger war mein Plan gereift: auf den großen Birnbaum hinaufklettern, um an die Kette zu gelangen – welche dort oben angebracht war, um einen großen Ast so hochzuhalten, dass dieser das Nachbargebäude, einen sogenannten Stadel, nicht beschädigen sollte – und auf dieser Kette zu schaukeln. Mehrere Versuche, auf den Baum hinaufzuklettern, scheiterten jedoch, da ich als zarter Bub ganz einfach nicht die Kraft dazu hatte.

Nach einiger Zeit trieb es mich abermals in Großmutters Obstgarten, fest entschlossen, es dieses Mal bis zur Kette hinauf zu schaffen. Nach einigen vergeblichen Versuchen gelang es mir schließlich, den dicken Stamm barfuß zu überwinden und zu jenem großen Ast zu gelangen, von wo aus ich die Kette erreichen konnte. Frohgemut schaukelte ich endlich hoch oben, und zu meiner Freude wurde der Schwung immer mehr und mehr!

Da riss plötzlich die rostige Kette! Ich verlor den Halt, das Gleichgewicht, geriet ins Schwanken und drohte ca. 5-6 m in die Tiefe zu stürzen. Als ich voller Angst so hin und her gaukelte, hatte ich das ganz deutliche Gefühl, dass mich jemand am Rücken hält, um mich vor dem Absturz in die Tiefe zu bewahren! Aber es war niemand zu sehen, der mich da gestützt hätte!

Innerlich noch ganz ergriffen, setzte ich mich auf den Ast, auf dem ich Halt gefunden hatte, ich weinte und betete. Als ich zum Erdboden hinunterblickte und sah, wie tief unter mir er sich befand, wurde mir gewahr, dass dies meinen Tod bedeutet hätte, wenn ich abgestürzt wäre!

In dieser lebensbedrohlichen Situation hat es gewissermaßen des „direkten" Eingreifens der Engel Gottes bedurft, um eine vorzeitige Beendigung meines Erdenlebens und damit eine Durchkreuzung des weisen Planes Gottes zu verhindern.

Reumütig kletterte ich vom Baum hinunter und unternahm fortan keinen weiteren Kletterversuch mehr, getraute mich aber auch nicht, dieses Erlebnis irgendjemandem zu erzählen. Unter Tränen war mir einfach nur danach zumute, mein Herz meiner Mama auszuschütten, die ja schon im Himmel war.

Das Läuten der Kirchenglocke machte mich aufmerksam, dass es schon vier Uhr nachmittags war, und erinnerte mich an meine Arbeiten, welche ich noch zu verrichten hatte. So schnell ich konnte, lief ich zu Großmutters Haus, um die mir auferlegten Pflichten zu erfüllen. Am wenigsten gefiel mir der „Strohdienst", denn mit dem Schubkarren von der Scheune bis in den Tierstall war es nicht nur ziemlich weit, sondern die gebundenen Strohballen waren auch gehörig schwer.

Eine willkommene Arbeitserleichterung

Es war eine große Erleichterung für uns alle, als wir einen französischen Soldaten, der in Gefangenschaft geraten war, als Helfer zugewiesen bekamen. Leider verstand er unsere Sprache kaum, sodass ihm anfangs alle Arbeitsvorgänge vorgezeigt werden mussten, auch meine. Er war, so erinnere ich mich, ein sehr lustiger, froh gestimmter Mann, aber leider nur selten für mich da, zumal die schwere Feldarbeit mit dem Pferd natürlich bevor ging. Wenn es aber einen Regentag gab und wir alle zu Hause waren, durfte ich seine Handfertigkeit miterleben, wie er zum Beispiel Pfeiferl anfertigte oder verschiedene Holzfiguren herstellte. Wie lange er bei uns ausgeholfen hat, weiß ich nicht mehr, noch kann ich mich an seinen Namen erinnern.

Meine Volksschulzeit

Vieles änderte sich für mich, als der erste Schultag nahte. Neue Anziehsachen, Schultasche, Tafel, Griffel usw., einfach alles, was für den Unterricht gebraucht wurde, bekam ich. Meiner Erinnerung nach wurden von der Schule auch noch gewisse andere Schulsachen zur Verfügung gestellt, sodass meine kleine Schultasche ziemlich voll war.

Wir Kinder kannten uns nur vom Sehen, hatte ich doch stets viele Hausarbeiten zu verrichten gehabt. Da mich meine Spielkameraden aus der näheren Umgebung bekanntlich mit ihrem Geschrei „Du musst sterben!" vertrieben hatten, war es für mein Gemüt eine Erleichterung, in der Klasse neue Freundschaften schließen zu können.

Meine Erinnerung an die Volksschulzeit ist insgesamt eher dürftig. Es war ja Krieg. Wir Mädchen und Buben wurden bis zu einem gewissen Alter gemeinsam in einer Klasse von einer jungen, sehr lieben Lehrerin unterrichtet, die Direktorin hingegen war sehr streng und beherrschte alles, sodass wir Kinder großen Respekt vor ihr hatten. In meinen Zeugnissen hatte ich stets gute bis sehr gute Noten, da ich mir beim Lernen leichttat.

Bedrohungen durch Kriegsgeschehnisse

Die Idylle in unserem kleinen Ort war allerdings dahin, als die Alliierten die Ölförderung außerhalb des Ortes ausfindig gemacht hatten und Aufklärungsflüge in großer Höhe starteten. Eines Tages im Jahr 1944 wurde Probeluftalarm mit Sirengeheul gegeben, erschreckend für uns Kinder. Eilends mussten wir unsere Jacken anziehen, und ab ging es aus dem Schulgebäude in den Luftschutzraum, einen großen Weinkeller tief unter dem Erdboden. Nachdem sich die einzelnen Klassen diszipliniert eingeordnet hatten, durften wir nach Hause gehen. Einige Wochen später, so erzählte man mir, wurde das Ölfeld bombardiert, ohne jedoch Tanks zu treffen.

Eine meiner Tanten war gehbehindert und hatte im Haus meiner Großmutter ihre Schneiderwerkstatt eingerichtet. Sie besaß ein „richtiges" Radio, also keinen Volksempfänger, sondern konnte Nachrichten auch von anderen Langwellensendern empfangen. Deshalb ersuchte die Schuldirektorin meine Tante, zu bestimmten Stunden während der Unterrichtszeit Nachrichten abzuhören.

Ich bekam von der Lehrerin ein Heft und sollte damit zu den entsprechend vereinbarten Zeiten nach Hause laufen, um die jeweiligen Luftlagemeldungen von der Tante darin eintragen zu lassen. Diese Aufzeichnungen übergab ich der Lehrerin, die sie der Direktorin weiterleitete. Mir wurde eingeschärft, auf neugierige Fragen meiner Mitschüler keine Antwort zu geben, da dies ein Geheimnis war. Durch diesen Umstand verlor ich leider wieder einige Spielkameraden in der Klasse.

Fliegerangriffe

Die Alliierten machten immer öfter Ernst mit ihren Bombenabwürfen. Vor so einem Fliegerangriff kam in Tantes Radio die Meldung – ich erinnere mich noch an den Wortlaut, da ich manchmal ja selbst mithörte –, „feindlicher Kampfverband aus Richtung Wiener Neustadt in Richtung Erdölgebiet im Anflug."

Sofort erfolgte der Aufruf, das Schulgebäude raschest zu verlassen und den Luftschutzraum aufzusuchen, wobei wiederum auf die Einhaltung geordneter Reihen bei den einzelnen Klassen, auf Gehorsam und Disziplin genauestens geachtet wurde.

Nach vielen Fehlbomben waren letztlich doch Zielbomben dabei, welche die drei Öltanks trafen. Die zwei kleinen Tanks brannten unter lauten Explosionen etwa einen Tag lang, der große Tank unter gewaltigem Getöse und hohen Feuerflammen etwa drei Tage lang. Währenddessen war es sogar in der Nacht so hell im Ort, dass man – wie erzählt wurde – durch den Lichtschein auf der Straße Zeitung lesen konnte.

Unterschlupf im Lösskeller

Nachdem den Alliierten die Zerstörung der Öltanks gelungen war und kaum mehr Fliegerbomben abgeworfen wurden, rückte die Front immer näher an unseren Ort heran. Es kam zu einem fluchtartigen Aufbruch der Bevölkerung, man packte in aller Eile Decken, Wäsche, Essen und alles, was man sonst noch so brauchte, und zog in die Keller am Silberberg, um dort Schutz zu suchen.

Auch wir alle, unsere nahen Verwandten und Nachbarn, zogen in einen Kartoffelkeller, welcher in den Löss des Berges gegraben war, also keine gemauerte Decke hatte. Es gab aber einen gegrabenen kleinen röhrenförmigen Schacht, damit wir im Keller genug Luft zum Atmen hatten. Elektrisches Licht war nicht vorhanden, nur Petroleumlampen und Kerzen. Immer wieder wurde verschiedener Nachschub geholt, um gewisse Vorräte anzulegen. Nach ungefähr drei Wochen war die Front so nahe vor unserem Ort, dass ein weiteres Herbeischaffen von Versorgungsmaterial nicht mehr möglich war.

Es tauchte jedoch ein deutsches Kommando auf, welches die russische Armee zunächst zurückdrängte, sodass unsere Erwachsenen den Plan zur Flucht fassten. Der Abwehrkampf war allerdings so schwach, dass die russische Armee die Oberhand behielt, den Ort einnahm und den Silberberg unter Granatfeuer nahm – ich erinnere mich an die Bezeichnung „Stalinorgel". In diesen Kampfwirren drangen die Russen bis zum Silberberg vor, aber dann begannen die Kommandoleute den Kampf um jede Kellerreihe, sie wollten uns ja den Weg frei machen zur Flucht. Vorher will ich jedoch noch über ein weiteres lebensrettendes Erlebnis mit den Engeln Gottes berichten.

Blindgänger – meine zweite Lebensrettung durch die Engel Gottes

Ein versprengter russischer Soldat hatte vor unserem Kellereingang seine Waffe und Montur abgeworfen, war in unseren Keller geflüchtet und hielt sich im Eingangsbereich in einer Nische versteckt auf. Plötzlich explodierten Handgranaten – soweit ich mich erinnern kann, waren es drei. Dort, wo die Granaten explodiert waren, fielen große Mengen Löss in großen Brocken von der Decke herab. Unmittelbar danach hörten wir Stimmen: „Ein Russe ist bei euch drinnen! Bringt ihn sofort heraus, sonst fliegen noch mehr Granaten!" Ein Kriegsversehrter, der sich auch bei uns im Keller aufhielt, führte diesen russischen Soldaten zum Eingang des Kellers. Dort erschossen ihn die Kommandoleute und ich sah später seinen toten Körper am Boden liegen.

Als wir unter Bewachung aus dem Keller hinausgehen mussten und einzeln nach Waffen abgesucht wurden, erspähte ich im Eingangsbereich eine große braune, mehr rundliche, russische Handgranate, die der versprengte russische Soldat hineingeworfen hatte und jetzt als Blindgänger dalag. Unter inständigem Beten und behutsam darauf bedacht, keinerlei Erschütterungen zu verursachen, schlichen wir daran vorbei. Wäre diese Handgranate explodiert, dann wäre der Eingang des Lösskellers und somit wir alle verschüttet worden.

Heute weiß ich, dass die schützende Hand unseres Schöpfers uns alle vor der Explosion dieser Handgranate bewahrt hat, sollte doch mein Erdenleben nicht beendet werden, ehe sich der weise Plan Gottes erfüllen konnte!

Flucht in eine ungewisse Zukunft

Nachdem unser Ort wieder frei von russischen Soldaten war, kehrten viele von uns zurück, um ihre Habseligkeiten, Pferde und Wagen zu holen. Unsere Kellerpartie kam mit einem Pferd und Wagen zurück, ziemlich beladen. Die übrig gebliebenen Vorräte an Speisen und Getränken wurden vorsichtig aus dem Lösskeller geholt, und auf ging die Flucht in eine ungewisse Zukunft.

Das Weinen der Kinder und Frauen wurde jäh unterbrochen, als eine Garbe von Granaten einschlug, zu unserem großen

„Glück" – wiederum war es der Schutz durch die erbarmende Liebe Gottes, wie ich heute weiß – ca. 50-80 m von uns entfernt. Anscheinend, so vermutete der Kriegsinvalide, hatten die Russen unseren Auszug beobachtet und mehrere Salven auf die Wagenkolonne abgefeuert, welche – Gott sei Dank! – ihr Ziel verfehlten.

Auf Feldwegen ging es dahin in Richtung Lundenburg, heute Břeclav, bzw. Feldsberg, heute Valtice, und schließlich gelangten wir nach Grusbach, heute Hrušovany nad Jevišovkou. Dort nahm uns – geführt von den Engeln Gottes – eine gütige Familie auf. Man räumte den Hauskeller für uns, wo unsere gesamte Fluchtgemeinschaft auf engstem Raum Platz fand, immerhin waren wir 16 Personen, darunter mit mir vier Kinder. Diese Odyssee dauerte ungefähr drei Wochen lang, dann war in dieser Gegend Kriegsende.

Zurück in die Heimat

Wo aber zur Zeit des Antritts unserer Flucht keine Grenze war, dort war jetzt eine, sodass alle unsere Erwachsenen zur russischen Kommandantur mussten, um eine Rückkehrerlaubnis zu beantragen. Diese wurde ihnen auch gewährt, auf dem Passierschein stand kurz und bestimmt: „Kommissar bewilligt", mit Stempel und Unterschrift.

Unser Abschied von jener Familie, die uns Aufnahme in ihrem Hauskeller gewährt hatte, war voll inniger Dankbarkeit. Dann ging es mit Pferd und Wagen rasch heimwärts. Dabei erinnere ich mich noch an eine kurze Begebenheit, wo bei einer Kontrolle das Fahrrad einer unserer Frauen beschlagnahmt wurde und es eine Art Zahlung in Papiergeld dafür gab.

Die Grenze lag also hinter uns, und da es langsam dämmerte, wollten wir im nächsten österreichischen Ort übernachten. Schon als wir dem Ort näher kamen, hörten wir laute Musik, ab und zu Schüsse, ein lärmendes Treiben der Russen. Deshalb entschieden sich unsere Erwachsenen dafür, die Nacht außerhalb des Ortes zu verbringen, und zwar auf einem Kleefeld unter einem Gebüsch. Trotz großer Müdigkeit war nicht an viel Schlaf zu denken, denn der Lärm dauerte sehr lange. Und zeitig in der Früh brachen wir schon wieder auf und nahmen einen Feldweg, der uns unserem Heimatort rascher näher führen würde.

Dort angekommen, suchte jede Familie ihr Haus auf. Bei vielen Gebäuden waren die Dächer oder die Hausmauern zerschossen, auch das Haus meiner Großmutter war beschädigt, aber wir konnten immerhin darin wohnen. Kühe, Schweine, Hühner usw. waren keine mehr im Stall, nur einer einzigen Henne war es gelungen, den Plünderern zu entkommen. Mühsam kam das Alltagsleben zu Hause wieder in Schwung. Tauschhandel wurde betrieben, und so brachte unsere Großmutter von irgendwo eine Ziege nach Hause, damit es für uns Kinder Milch gab.

Vater, Stiefmutter und Halbschwester

Ich erwähnte „uns Kinder". Mein Vater hatte nämlich während des Krieges wieder geheiratet, also hatte ich eine Stiefmutter bekommen und dazu noch eine jüngere Halbschwester, die ebenfalls beide im Haus meiner Großmutter lebten und auf unserer Flucht und Rückkehr auch mit dabei waren.

Im September des Jahres 1945 begann wieder der Unterricht im instand gesetzten Schulgebäude. Wir Kinder wurden dort in mehreren Klassenzügen gemeinsam unterrichtet, denn Klassenräume und Lehrpersonal standen nur begrenzt zur Verfügung. Das Ortsleben kam wieder in Gang, da die Menschen zusammenhalfen. Auch ich musste meinen Anteil beitragen, und zwar sowohl im Haus als auch öfter auf dem Feld.

Mein Vater war mit einer Verletzung an der rechten Hand aus der Kriegsgefangenschaft heimgekehrt. Leider hatte er sich in

Albanien die Malaria zugezogen, welche sich aber nicht ausheilen ließ, sondern immer wieder in Schüben auftrat, weshalb er auf Anweisung des Arztes Chinin einnehmen musste.

Meine Internatszeit

Das Jahr 1947 bescherte mir im September einen sehr unerfreulichen Schulbeginn, denn mein Vater und seine Frau schickten mich ins Internat nach Wien zu den Schulbrüdern. Es war seelisch sehr, sehr hart für mich und ich vergoss viele Tränen! Meine Großmutter konnte mir auch nicht helfen. Alles war fremd für mich, die Großstadt, Schüler, Lehrer, Klosterschwestern usw. Nur einen einzigen Bekannten hatte ich, meinen Cousin aus dem Nachbarort, der ebenfalls von seinen Eltern aus dort zur Schule gehen musste. Beim Lernen waren wir Schüler zwar eifrig, die Enge, das Eingesperrtsein waren aber traurige Begleitumstände für mich im Vergleich zur Freiheit in meinem kleinen Heimatort.

Von September 1947 bis Ende Juni 1951 war ich in dieser Internatsschule. Ich überspringe diese Zeit bis auf einige Hinweise, wie die Engel Gottes sich bemerkbar machten.

Das Eingreifen der Engel Gottes bei den Schulimpfungen

Bei diesen Impfturnussen als vorbeugende Schutzmaßnahmen gegen verschiedene Krankheiten fiel ich insgesamt drei Mal in Ohnmacht, und zwar immer kurz bevor ich an die Reihe kam, sodass ich nicht geimpft wurde. Aufgewacht bin ich dann jeweils in der letzten Bankreihe der Klasse sitzend. Die vierte Impfung musste ich zum festgesetzten Termin jedoch leider über mich ergehen lassen, es war die Pockenimpfung. Deren Nachwirkungen fesselten mich zwei Wochen lang ans Bett, mit Fieber und einer starken Eiterung am rechten Oberarm.

Heute weiß ich, dass mein dreimaliges Ohnmächtig-Werden von den Engeln Gottes gelenkt wurde, um mich sensibles Kind vor wohl größerem Schaden zu bewahren.

Mein verhängnisvoller neuer Anzug

Da ich gut lernte, bekam ich, als ich ca. 13 Jahre alt war, von meinem Vater einen Anzug, der von einem Schneider angemessen wurde, und zwar aus dem gleichen Stoff, aus dem der Schneider auch einen Anzug für meinen Vater anfertigte. Als die beiden Anzüge fertig waren, so erinnere ich mich, war Ostern. Vater und ich zogen unsere neuen Anzüge an, freudig durfte ich ihn zum Kirchgang und bei Besuchen ausführen.

Der letzte Tag der Osterschulferien war angebrochen und ich musste wieder ins Internat nach Wien. Diesmal freute ich mich sehr darauf, denn ich konnte ja mit dem neuen Anzug erscheinen – so meinte ich. Aus dieser Vorfreude wurde aber leider nichts! Meine Enttäuschung war riesig, als meine Stiefmutter ganz energisch zu mir sagte: „Der Anzug bleibt hier im Kasten!" Eine Freudenwelt brach für mich zusammen. Mein Vater sagte kein Wort zu dieser Entscheidung seiner Frau! Erfüllt von innerem Weh lief ich zu meiner Großmutter und erzählte ihr diesen Vorfall unter Tränen. Doch die mich so liebende Oma schüttelte nur den Kopf und sagte, dass sie mir da auch nicht helfen könne.

Selbstmordgefahr – meine dritte Lebensrettung durch die Engel Gottes

Trauer, Wut und Selbstaufgabe beschlichen mein Gemüt, sodass ich in den Weingarten lief, das Taschenmesser aus der Hosentasche nahm, die Klinge freimachte, um mir aus lauter Verzweiflung das Leben zu nehmen ...

Da hörte ich plötzlich eine Stimme, und das klang ungefähr so: „Worauf wartest du noch?" – Man führte mir die Blamage vor Augen, wie die Schulkameraden mich hänseln würden, denn ich war ja großmundig gewesen und hatte ihnen von meinem neuen Anzug erzählt, mit dem ich zurückkommen würde. – „Jetzt musst du wieder mit dem alten, schon zu klein gewordenen, abgetragenen Knickerbocker-Anzug nach Wien fahren. Welche Schande!" Solche und ähnliche Gedanken schossen mir durch den Kopf. Meine Sinne schwanden, fast ohnmächtig ließ ich mich im Weingarten auf den Boden fallen.

Nach einiger Zeit besann ich mich jedoch und hörte auf die Stimme meines Gewissens: „So etwas tut man nicht, es wird dir geholfen! Der liebe Gott lässt dich doch nicht im Stich! Du wirst keinen Spott von deinen Kameraden erleiden!"

Aus meiner damaligen kindlichen Sicht konnte ich dies alles nicht zuordnen. Aus meiner jetzigen Sicht hingegen, mit meinem geistigen Wissen und der Kenntnis der Liebeslehre Jesu, war es ein gewaltiger Angriff der satanischen Mächte, den weisen Plan des Schöpfers mit mir zu vereiteln: Ich sollte aus dem Erdenleben geschafft werden, damit ich meine Lebensaufgabe auf Erden nicht erfüllen kann! So habe ich bereits in jungen Jahren die Konfrontationen zwischen den Engeln Gottes und den mir übel gesinnten Satansverführern erfahren müssen. Dies war also meine Lebensrettung Nummer drei durch ein weiteres Eingreifen der Engel Gottes.

Meine Berufsausbildung – irdisch geplant und geistig gelenkt

Vor dem Schulabgang standen für mich, ohne dass ich dies vorher gewusst hatte, einige Varianten zur Auswahl, was meine weitere Ausbildung anbelangte. Mein Onkel, k.u.k. Hauptmann, und meine Tante wollten mich studieren lassen, zumal ich ja leicht lernte und gute Zeugnisse hatte. Da mein Onkel jedoch ins Jenseits abberufen wurde, kam ein Studium für mich nicht mehr infrage.

Mein Vater wiederum hatte mit den Schulbrüdern, wo ich bisher die Schule besucht hatte, vereinbart, ich solle Schulbruder werden, also die Lehramtsausbildung absolvieren, wovon ich ebenfalls keine Kenntnis hatte! Aus meiner jetzigen Sicht sollte aber auch dies verhindert werden. Mein Großvater väterlicherseits wurde nämlich ebenfalls ins Jenseits abberufen, und so nahm meine weitere irdische Ausbildung unter geistiger Führung und im Willen Gottes eine gewerbliche Richtung und fand ihr Ende mit der Absolvierung zweier Meisterprüfungen.

Familienglück

Nach dem weisen Plan des Schöpfers führten unsere Schutzengel meine liebe Frau und mich zusammen, und nach längerem geduldigen Warten schenkte uns der liebe Gott eine recht zarte, liebevolle Tochter. So waren wir eine glückliche Familie voller Lebensfreude und Zufriedenheit.

Daran änderte sich im Grunde genommen auch nichts, obwohl es zu einer völlig neuartigen Lebenseinstellung, zu völlig neuartigen Lebensumständen und zu einer völlig neuartigen Lebenssituation für uns alle drei kommen sollte. Wie es dazu kam, dass zuerst ich, später auch meine Lieben auf den gottgewollten

Weg nach dem Plan des Schöpfers geführt wurden, dieses beeindruckende Erlebnis will ich nun beschreiben.

Ein geistiges Schlüsselerlebnis

Wir waren wieder einmal in den Geburtsort meiner lieben Frau gefahren, und wie des Öfteren, wenn wir dort weilten, ging ich mit dem Hund, dem „Burschi", unseren gewohnten Weg zum Waldrand. Da hörte ich plötzlich „jemanden reden" ... Ich schaute nach allen Richtungen, es war aber niemand zu sehen, nur der Burschi.

Wie versteinert blieb ich stehen ..., ich konnte es nicht glauben ..., aber die Stimme kam aus mir heraus ..., und doch hörte ich diese Stimme über meine Ohren ..., ein schleichendes Gefühl überfiel mich ... – bis ich ungefähr Folgendes vernahm: „Ich bin ein Engel Gottes und habe den Auftrag, dir das Neue Testament der Wahrheit entsprechend zu erklären."

Tatsächlich – und hier mache ich einen kurzen Vorgriff – lehrte mich dieser Engel Gottes nach und nach die Zusammenhänge der geistigen Wahrheiten aus der Liebeslehre Jesu, und so erfuhr ich auch geistige Erläuterungen zu Bibelstellen, welche ich früher für unrichtig gehalten hatte.

Meine Freude wuchs, denn ich durfte und sollte dahingehend Fragen stellen, um geistige Klarheit zu erlangen. Mit diesem Engel Gottes sprach ich gerade so, als würde ich mit einem Menschen reden. Wenn ich ihm allerdings materielle, also irdische Belange meines Erdenlebens betreffende Fragen stellte, welche aus meiner menschlichen Sicht doch eine gewisse Bedeutung hatten, gab er mir zur Antwort: „Ich bin nicht berechtigt, dir über dein materielles Leben und deinen irdischen Lebensablauf Auskunft zu geben."

Zum Abschluss unseres ersten Gespräches gab mir dieser liebe Engel Gottes die Zusage, er werde ab jetzt bis zu einem späteren Zeitpunkt bei mir bleiben. Nach irdischen Zeitbegriffen liefen seine Ausführungen wie im Zeitraffer ab.

Doch zurück zum Geschehen: Der Hund war die ganze Zeit sitzen geblieben und hatte unentwegt nach oben geschaut. Er freute sich sichtlich, als ich ihn wieder liebevoll ansprach.

Die Gnadengabe des Hellhörens

An dieser Stelle möchte ich aus meiner jetzigen Sicht und geistigen Erkenntnis voll innerer Überzeugung sagen, dass mir damals ein großes Gnadengeschenk zuteilgeworden war, denn ich hatte die Gnadengabe des Hellhörens empfangen, welche mich bis vor Kurzem durch mein ganzes weiteres Erdenleben begleitete. Es wurde dadurch – und das möchte ich vorwegnehmen – ein Leben in gottgewollter Sinnhaftigkeit. Auch die Namen der Engel Gottes, welche über mein Hellhören mit mir „Gespräche führten", erfuhr ich von ihnen, wie zum Beispiel Nell, Laurentius, „der kleine Robert", Emanuel, Hardus, St. Josef und auch andere.

Diese Zeilen fügte ich als geistige Erläuterung und kleinen Vorgriff auf mein späteres geistiges Wirken an.

Überraschungen im Alltagsleben

Am nächsten Tag musste ich wieder zur Arbeit, während meine Frau mit unserer Tochter bei ihrer Mutter im Ort blieb. Ich stieg in unseren Kleinwagen ein, um allein in unsere Wohnung zurückzufahren. „Allein" war jedoch weit gefehlt, denn es erwartete mich die nächste, und zwar eine gewaltige Überraschung: Starten, Kuppeln, Gasgeben, Lenken, Bremsen usw., das alles funktionierte „wie von allein", „wie von selbst", ich brauchte keinerlei Kraft aufzuwenden, sondern zum Beispiel nur meine Hand auf den Schalthebel zu legen oder meine Füße auf die Pedale zu stellen.

Lediglich die Fahrgeschwindigkeit machte mich ein wenig stutzig, da das Auto mit gemächlicherem Tempo fuhr, als ich zu fahren gewohnt war. Dabei beobachtete ich aber das Phänomen, dass zum Beispiel Kreuzungen oder Ampeln stets mit freier Durchfahrt passiert werden konnten. „Der Fahrer" hatte offensichtlich auf seine Weise im Vorfeld verschiedenste Faktoren berücksichtigt und einkalkuliert, er hatte sozusagen alles berechnet.

Als „wir" zu Hause angekommen waren, gestaltete sich das Gepäcktragen für mich ausgesprochen leicht, das Ausräumen alles Mitgebrachten ließ sich wie von selbst erledigen. Ich musste nur hingreifen, brauchte aber keine Kraft aufzuwenden.

Noch einige Beispiele solcher Hilfen sind mir in Erinnerung geblieben. So funktionierte beim Zähneputzen und auch bei vielem anderen mehr alles wie automatisch, ich konnte dem Ganzen oft gar nicht folgen. Diese Erfahrungen sind aber so eingeprägt in mir, dass ich selbst jetzt noch diese Leichtigkeit, diese Hilfe förmlich spüren kann.

Mein Geführtwerden von den Engeln Gottes in meinem Erdenleben und ihr unermüdlicher Zuspruch gaben mir stets Halt und Sicherheit, sodass ich auch schwierigste Erdenprobleme, welche nicht ausblieben, mit ihrer Hilfe meistern konnte. Wie oft dankte ich den Engeln Gottes für ihren Rat und ihre Hilfe, doch gaben sie mir stets zur Antwort: „Danke Gott und Christus, nicht uns, wir sind nur Diener aus Nächstenliebe!"

Das Wirken der Engel Gottes soll kein Geheimnis bleiben

Eigentlich wollte ich diese einzigartige Gemeinschaft mit meinen lieb gewonnenen jenseitigen Freunden, Engeln, Beratern, Helfern und Führern für mich behalten. Es war für mein Erdenleben einfach wunderbar, den Gedanken-, Gefühls- und Sprechaustausch mit ihnen zu pflegen, des Nachts bewusst die Gemeinschaft mit ihnen zu erleben, vorbereitet zu werden auf das Kommende – einfach Berater im lichten Jenseits zu haben! All dies hatte ich ja bisher für mich behalten, und von diesem meinem Leben in zwei Lebensdimensionen wollte ich auch gar niemandem etwas mitteilen. Aber es kam anders, als es mein Wollen war …

Eine weichenstellende Begegnung

Eines Tages war in der Firma, in der ich arbeitete, eine Angestelltenversammlung angesetzt, und zwar während der Arbeitszeit, also musste ich auch daran teilnehmen. Uns wurde mitgeteilt, dass es um die Firma schlecht stand, weshalb wir alle in Kürze unsere Arbeitsplätze verlieren würden, Abfertigungen und gewisse Sozialleistungen jedoch erhalten sollten. Nach den Ansprachen vieler Redner saßen wir noch eine Zeit lang beisammen und diskutierten die vorgebrachten Inhalte und Argumente, bis unsere vorgegebene Arbeitszeit abgelaufen war.

Wie viele andere Kollegen wollte auch ich mich umziehen und nach Hause gehen, doch zu meinem Unmut setzte sich unser Angestellten-Betriebsrat zu mir, um mir und einigen anderen an unserem Tisch die ganze Angelegenheit aus seiner Sicht darzulegen. Zwar sprach er in erster Linie über den Ablauf der

Stilllegung der Firma, später aber auch über seine persönliche Zukunft, denn nach meiner Erinnerung war er damals bereits ungefähr 62 Jahre alt und hätte laut Gesetz noch bis zum 65. Lebensjahr arbeiten müssen. Als sich unsere letzten beiden Tischkollegen verabschiedeten, wollte auch ich die Gelegenheit zum Aufbruch nützen, der Angestellten-Betriebsrat bat mich jedoch, noch kurz zu bleiben.

Er kam auf interessante Bücher zu sprechen und fragte mich, ob ich nicht in seine kleine Buchausstellung zu den Themen Gott, Christus, die Engel Gottes, das Weiterleben nach dem Tod, die Geistwissenschaft usw. kommen wolle. Die Adresse gab er mir bekannt, und interessehalber ging ich tatsächlich hin, um mich nach einschlägiger Literatur umzusehen. Dort bestand auch die Möglichkeit, Bücher auszuleihen gegen einen geringen Betrag, den man bei der Rückgabe des Buches wieder rückerstattet bekam. Geleitet wurde dieser Buchverleih von Josef, um ihn bei seinem Namen zu nennen, und seiner Frau Grete. Soweit meine Erinnerung reicht, waren noch einige andere geistig Interessierte anwesend, diskutiert wurde hauptsächlich über Jenseits-Themen, bis es mich nach Hause drängte.

Am nächsten Tag in der Firma kam wieder der Angestellten-Betriebsrat, Josef, zu mir, diesmal mit mehreren Broschüren, zum Beispiel über den Flugpionier Etrich und über das „Woher? – Wozu? – Wohin?“. Ich hatte zwar meine Abteilung zu leiten, aber auch die nötige Zeit, mich um meinen Besuch zu kümmern. Er machte mir den Vorschlag, ich solle diese Broschüren lesen und ihm hernach mitteilen, ob diese Art Literatur das Richtige für mich wäre. Außerdem lud er mich zu geistigen Gesprächen in seine Wohnung ein, zur Vertiefung meines diesbezüglichen Wissens.

Nach anfänglichem Zögern und längerem Überlegen sagte ich nach einiger Zeit zu, und so entstand mit Josef und Grete eine solide Gesprächsbasis über den Sinn und Zweck des Erdenlebens, über Gesundheit, Nächstenliebe usw.

Anfragen an Jenseitige mit der Planchette

Wieder einmal Gast bei ihnen, wurde mir der Vorschlag gemacht, doch einmal „mit der Planchette anzufragen". Da ich diese sogenannte Planchette nicht kannte, gab man mir eine entsprechende Erklärung dazu, welche ich aber leider nur mehr vage in Erinnerung habe. Man „fragt an" bei gewissen, bereits ins Jenseits hinübergewechselten ehemaligen Familienangehörigen oder Freunden und bittet sie, sie mögen sich „melden". Über das Planchette-ABC – auf der Planchette sind nämlich alle Buchstaben des Alphabets aufgezeichnet – werden dann vom „jenseitigen Besucher" über einen beweglichen Zeiger Buchstaben angezeigt, die dann aneinandergereiht entsprechende Wörter ergeben, in weiterer Folge einfache Sätze, also kurze Mitteilungen „von drüben".

Bei Josef und Grete, die diese Methode schon des Öfteren praktiziert hatten, „kamen" zum Beispiel verschiedene Verwandte und meldeten sich zunächst einmal mit dem Buchstabieren ihres Namens. Das stellte für mich eine wahre Geduldsprobe dar, da das mühsame Buchstabieren der Antworten auf ein solches Befragen über die Planchette sehr langsam vor sich ging und die Geduld, ich gestehe, damals keine große Tugend von mir war.

Eine berührende Nachricht aus dem Jenseits

Nachdem sich für meine beiden Gastgeber Meldungen aus dem Jenseits ergeben hatten und ihnen damit Freude bereitet wurde, sollte ich meinen Finger – man verwendet dafür meist den Zeigefinger oder den Mittelfinger – nur ganz leicht auf den Zeiger der Planchette legen, damit der Buchstabenanzeiger seine Bewegungsfreiheit hat, den jeweiligen Buchstaben anzuzeigen. Das war für mich Neuland und ich zierte mich ein wenig, da mir die ganze Vorgehensweise verstandesmäßig irgendwie nicht gefiel. Schließlich willigte ich dann doch ein, denn die Neugierde war ja groß, wer sich denn bei mir melden würde …

Darüber nachzudenken hatte ich aber gar keine Zeit mehr, denn kaum hatte ich damit begonnen, war der Zeiger schon von einem Buchstaben zum nächsten unterwegs, und Grete notierte auf einem Zettel die für mich angezeigte Buchstabenfolge.

Die folgende Nachricht ist für mich vom Jenseits aus ins Diesseits diktiert worden: MARIA P. IM HIMMEL – LOBEN GOTT – POLDI – WUSSTEST DU NICHT… Einige Buchstaben folgten noch, dann war die Mitteilung zu Ende.

Es war ein gewaltiger Schock für mich, denn niemals hätte ich gedacht, dass es so etwas tatsächlich geben konnte! Meine Mama, welche im Februar 1940 ins Jenseits abberufen worden war, hatte sich gemeldet und mich mit meinem Kurznamen Poldi genannt – ein Name, mit dem mich schon lange niemand mehr von all meinen Verwandten, Freunden usw. angesprochen hatte, war ich doch für sie schon seit vielen Jahren der Leo. Ich war so gerührt, dass es mich in meinem Innersten schüttelte, da ich ja zu Erdenlebzeiten keine persönliche Erinnerung an meine Mama habe.

Schließlich beschlossen wir, mit der Planchette aufzuhören und benützten sie, soweit ich mich jetzt erinnern kann, dann auch nicht mehr.

Meine Ausbildung zum Mittler für die Engel Gottes

Nachdem Josef und ich, wie auch alle anderen Mitarbeiter der Firma, gekündigt worden waren, kam auch dieses Thema einmal zur Sprache. Josef sagte zu mir, ich wäre noch jung und würde wohl leichter einen Posten finden als er mit seinen 62 Jahren. Kaum hatte er seine Bedenken geäußert, meldete sich bei mir hellhörend ein Engel Gottes mit „Gott zum Gruß! Nell".

Ich konnte diesen Nell sehr gut hören. Er teilte mir mit, dass er mich eine Zeit lang begleiten und – wenn ich will – meine Ausbildung zur gottgewollten Mittlerschaft leiten werde. Dies solle ich mir überlegen, denn die Engel Gottes respektieren den freien Willen der Menschen. Was Nell sonst noch zu mir sagte, weiß ich jetzt nicht mehr. Dann kam er auf Josef zu sprechen und auf dessen Absicht, eine neue Arbeitsstelle suchen zu wollen: „Wir Engel Gottes setzen alles daran, dass Josef in Pension gehen kann!"

Aber Josef glaubte dieser Ankündigung von Nell nicht, als ich sie ihm mitteilte, sondern suchte nach einer neuen Arbeitsstelle. Er fand auch eine, welche ihm zusagte, und nahm sie an. Bei unserem nächsten Treffen erzählte er mir allerdings, er hätte gemischte Gefühle, in die neue Firma einzutreten, obwohl der vereinbarte Arbeitsantritt auf seinem neuen Posten schon sehr nahe gerückt war.

Zu seiner großen Überraschung erhielt er kurze Zeit später einen Brief von der Pensionsversicherung, er solle mit allen angegebenen Papieren zu einer Vorsprache betreffend seine Pensionierung kommen, was er auch tat, sodass er zum Zeitpunkt seines offiziellen Arbeitsantritts in der neuen Firma bereits den Bescheid in Händen hatte, mit dem darauffolgenden Monatsersten in Pension gehen zu können. Mit Freudentränen in den Augen erzählte er mir das. Somit hatte sich die Voraussage, welche Nell ihm durch mich hellhörend zugesichert hatte, erfüllt.

Nell vereinbarte mit Josef über mich als Hellhörenden, dass meine Ausbildung zum Mittler in Josefs Wohnung erfolgen solle, und fragte mich um meine Zustimmung, denn er wolle mich sowohl zum hellhörenden Schreibmedium als auch zum Inspirationssprechmedium in Trance, wenn nötig in Tieftrance, ausbilden. Die Ausbildung zum hellhörenden Schreibmedium ging rasch vonstatten, die Ausbildung in den anderen Sparten der Mediumschaft dauerte jedoch circa ein Jahr lang, und dies unter oft harten Bedingungen.

Die Übungen unter der geistigen Leitung von Nell und anderen Engeln Gottes waren sehr anstrengend, aber auch gesundheitsfördernd, entspannend und wohltuend zugleich. Ein inneres Glücksempfinden, Freude und Geborgenheit erfüllten nach den Übungen oft mein Gemüt, wie aus einer anderen Welt kam ich zurück. Nur Josef als irdischer Leiter und Grete waren dabei anwesend, etwaige Besucher wurden schon im Vorzimmer abgefangen und auf später vertröstet, denn die Engel Gottes hatten meinen konsequenten Ausbildungsfortschritt im Auge, weshalb jedes Pensum stets ohne Störung erfüllt werden sollte.

Auch diese anstrengenden Zeiten gingen für mich vorüber. Was die Engel Gottes an Lob über die Zusammenarbeit aussprachen, war Dank und Zufriedenheit mit dem an Ausbildung im Willen des Schöpfers Erreichten. So gestaltete sich mein ganzes weiteres Erdenleben bis jetzt im Dienste mit den Engeln Gottes.

Meine „Astralreisen" mit Nell

Es war der Beginn einer neuen Tätigkeit für mich, das Erleben sogenannter „Astralreisen". Die Schilderungen meiner Astralreisen-Erlebnisse in Zusammenarbeit mit den Engeln Gottes mögen auf viele Leser unglaublich wirken, aber sie entsprechen der Wahrheit.

Nachdem ich auch die Tieftrance-Ausbildung erfolgreich durchgeübt hatte, war ich laut Nell – wenn ich es wolle und Josef bereit wäre, einen störungsfreien Ablauf zu gewährleisten – so weit, dass der Plan mit den Astralreisen zur Umsetzung gelangen sollte.

Aus meiner Erinnerung beschreibe ich nun kurz die verschiedenen Vorbereitungen zur Durchführung meiner damaligen Astralreisen und meine Erlebnisse dabei: Ich legte mich ausgestreckt auf ein Bett, Nell sprach hellhörend zu mir: „Hab keine Furcht! Ich gehe überall mit dir hin und gebe acht auf dich." Diese Worte von Nell prägte ich mir in meinem Bewusstsein ein, als ich sozusagen noch im Körper auf dem Bett lag.

Es begann mit einem kurzen Gebet um Schutz, Hilfe, Beistand und die Überwachung durch hohe Engel Gottes. Daraufhin folgten einige Übungen zum leichteren Austreten aus dem Körper. Infolge dieser Bewegungen und einer Art Wärmezufuhr – also von Lebenskraft, Odkraft, Prana oder wie auch immer man diese Kräfte nennen will – trat ich aus meinem Körper aus und sah zu meiner Freude Nell in seiner ganzen Persönlichkeit, strahlend und voller Zufriedenheit über das Gelungene!

Auf gewisse Einzelheiten bei den verschiedenen Serien meiner Astralreisen kann ich mich persönlich nur schwach erinnern. Um nichts Unwahres zu berichten, verweise ich auf das Buch „Astralreisen in die Sphären um die Erde, auf Planeten und Sonnenebenen"[1], in welchem Frau Gisela Weidner meine damaligen Erlebnisse mit Nell festgehalten hat.

Während ich mit Nell auf unseren Astralreisen unterwegs war und wir verschiedenste Besuche abstatteten, war Josef dafür zuständig, einige wichtige materielle Vorkehrungen zu treffen, um von der irdischen Seite her zum Gelingen unserer geistigen

[1] siehe Literaturverzeichnis

Einsätze beizutragen. So bestanden seine praktischen Aufgaben vor allem darin,

1. Störungen aller Art abzuhalten,
2. alle Gespräche, welche Nell und ich auf unseren Besuchsreisen führten, auf Tonband aufzunehmen,
3. darauf zu achten, dass mein Körper nicht zu heftige unwillkürliche Bewegungen machte und dadurch Störungen oder Unterbrechungen verursachen hätte können.

Ich erinnere mich noch, dass ich mir die Uhrzeit jeweils vor Beginn meines Austritts aus dem Körper bewusst machte und merken wollte. Somit konnte ich später feststellen, dass ich tatsächlich zum Beispiel eine Stunde oder länger oder kürzer, je nach der Führung durch Nell, für mein Erdendenken unbewusst, unterwegs gewesen war. Jedenfalls fand eine ganz beachtliche Anzahl solcher Astralreisen statt. Ob Frau Gisela Weidner sie alle in ihrem Buch „Astralreisen" veröffentlicht hat, weiß ich nicht.

Noch eine kleine Beobachtung betreffend meinen Zustand unmittelbar nach der Rückkehr von diesen Astralreisen möchte ich anfügen: Nach dem „Aufwachen", also dem Wiedereintritt in meinen materiellen Körper, fühlte ich mich wohl, aber müde. Ich reagierte nicht sofort, wenn mich Josef oder Grete ansprachen, war ich doch noch in einer anderen Schwingungsdimension. Mir fehlte noch die gewisse Anpassung an das irdische Bewusstseinsleben, aber Nell kümmerte sich so rührend um mich, dass ich bald wieder meinen irdischen „Normalzustand" erreichte.

Ergänzend sei noch erwähnt, dass die verschiedenen geistseelischen Entwicklungsstufen der Bewohner jener jenseitigen Sphären, welche Nell und ich mit unseren Helfern besuchten, tatsächlich recht unterschiedlich auf meinen Geistseelenzustand wirkten – um einen allgemein bekannten Wortausdruck zu gebrauchen –, von „himmelhoch jauchzend" bis „zu Tode betrübt".

So könnte ich die Atmosphäre in den verschiedenen Besuchs-sphären kurz beschreiben.

Während in den höheren Sphärenbereichen eine gewisse Fröhlichkeit, Leichtigkeit, Liebesschwingung usw. herrschte, waren die geistseelisch weniger entwickelten Bewohner niede-rerer Sphären sehr mit sich selbst beschäftigt, sie wirkten traurig, unzufrieden, schmerzverzerrt, unzugänglich, sie lästerten oft mit wütenden Ausdrücken über ihren Zustand usw. Diese Reaktio-nen spiegelten sich auch noch eine Zeit lang in meinem Gemüt wider, sodass ich manchmal bei meinen Alltagstätigkeiten über mich selbst erschrak, wenn ich erkannte, dass ich diesem oder jenem erlebten Zustand der Jenseitsbewohner, welche wir be-sucht hatten, noch nachhing.

Mit dem Vorschlag des lieben Nell, die Astralreisen zu been-den, waren wir alle sofort einverstanden. Aber irgendwie hatte er, ohne mich zunächst davon in Kenntnis zu setzen, schon einen weiteren Plan für mich parat, und zwar mit sogenannten Außer-irdischen.

Meine Erlebnisse mit Außerirdischen

Eines Tages bei der Gartenarbeit richtete Nell die Bitte an mich, ich solle beim nächsten Mal mit Papier und Schreibzeug mich bereithalten, denn es wollen zwei Außerirdische, welche in ei-nem höheren Auftrag wirken, mir schriftliche Kundgaben dik-tieren. Ich willigte für dieses Vorhaben ein, allerdings mit dem Hinweis, dass ich die viele Gartenarbeit auch bewältigen müsse.

Nell sagte mir zu, für diese materiellen Tätigkeiten Helfer bereitzustellen. Damit stellte er mich vor ein Rätsel. „Wie soll dies geschehen?", so fragte ich mich. „Während ich im kleinen Gartenhaus schreibe, arbeiten da draußen fremde Menschen in meinem Garten ohne meine Aufsicht …?"

Es stellten sich in meinem Bewusstsein zwei Außerirdische vor, „Homogenius" und „Ro", die auf höhere Anweisung zu Nell gesandt worden waren. Nell war bei mir und erklärte mir ihr Wirken. Diese beiden Außerirdischen hatten die Aufgabe erhalten, die Schwingung der damals lebenden Erdenmenschheit zu testen, und ich sollte ihre Ergebnisse niederschreiben. Die Übermittlung ihrer Kundgaben erfolgte in Raten, und zwar nur im Gartenhäuschen in einer Art Diktat. Aus diesen Aufzeichnungen entstand in weiterer Folge das Buch „Homogenius – Ro: Wissenschaftler des Uranus testen Erdvölker"[2], das ursprünglich im Ventla-Verlag Wiesbaden erschienen ist und später von Frau Gisela Weidner neu aufgelegt wurde.

Zurück zum Versprechen von Nell und zur Auflösung des Rätsels bezüglich der mir zugesagten Helfer bei der Gartenarbeit. Welch eine Freude erfüllte mich, dass mir die Gartenarbeit so leicht von der Hand ging, gerade so, als führte „jemand" meine Hände, und selbst nach dem Schreiben hatte ich noch so viel Kraft, dass ich oft mehr leisten konnte und erledigte als vorgenommen!

Mein Wirken als Medium für geistige Kundgaben der Engel Gottes

Eines Tages unterbreitete mir Nell, dass auch noch andere Engel Gottes Interesse hätten, mich als Werkzeug zu benützen, wenn ich dazu bereit wäre und auch damit einverstanden, dass diese von den Engeln Gottes durch mich übermittelten geistigen Kundgaben in Form von Büchern veröffentlicht werden.

Ich sagte mit meinem freien Willen zu, und kurze Zeit später meldete sich hellhörend ein hohes Engelwesen, welches sich mir gegenüber „Laurentius" nannte. Sein Wirken bei mir bestünde

[2] siehe Literaturverzeichnis

46

darin, über mich als sein Werkzeug den Erdenmenschen geistige Wahrheiten kundzutun. Meine Aufgabe wiederum wäre es, mit ihm engstens zusammenzuwirken, um seine an mich gerichteten Gedanken, Worte und Bilder zu Papier zu bringen.

Mediales Schreiben

Anfangs funktionierte unser Zusammenwirken nur sehr holprig. Daher schaltete der liebe Laurentius, wie ich merkte, zum Teil auf eine Art „automatisches Schreiben" um. Ich brachte also schreibend etwas zu Papier, von dessen Inhalt ich gar nichts mitbekam oder nur manches teilweise empfinden konnte.

Da der liebe Laurentius wusste, dass solches automatische Schreiben mich rasch ermüdete und somit meine Schreibleistung nachließ, erklärte er mir, er werde sich an meine menschliche Schwingung anpassen, er könne dies, denn er war ja auch einmal Mensch auf Erden.

So wurde ich in weiterer Folge vor jedem Schreiben mit seinen Schwingungsenergien „aufgeladen", wodurch es mir zusehends gelang, hellhörend, inspiriert seine Gedanken niederzuschreiben und meine Kräfte zum Schreiben länger anhielten als beim automatischen Schreiben, bei dem er meine Hand führte.

Neben vielen anderen schriftlichen Kundgaben kam auf schreibmedialem Weg auch ein von mir sozusagen „handgeschriebenes" Buch zustande, mit dem Titel „Laurentius – Die Nachfolge Jesu Christi"[3]. Zu meiner großen Überraschung und Freude zeigte mir Laurentius in diesem Zusammenhang ein Hellsehbild, welches mit meiner seinerzeitigen geistigen Schau und seiner geistigen Erläuterung sowohl im vorgenannten Buch von Frau Gisela Weidner abgedruckt ist als auch im jetzt vorliegenden Buch auf den beiden folgenden Seiten.

[3] siehe Literaturverzeichnis

Hellsehbild des Mittlers:

„Herz-Jesu"

Mit geschlossenen Augen sah ich hellsehend ein rosarötliches, schnell rotierendes Herz Jesu auf mich zukommen, mit sechs Ringen, vom Herzen nach außen zu wegstrahlend, das Herz mit Seitenwunde, rosarötlich und nach außen immer lichter rötlich bis gelblich-weiß strahlend. Im Herzeinschnitt sah ich drei Flammen.

Aus einer Erklärung des Engels Laurentius:

Wie aus dem Bild hervorgeht, befinden sich rings um das strahlend-leuchtende Herz Jesu sechs Ringe, welche die sogenannten göttlichen Tugenden beinhalten. Ich rate dir, lieber Jesus-Nachfolger, jene in seinem flammenden Herzen glühenden Tugenden zu verwirklichen und so mit ihm eins zu werden. Sprich einfach so: „Jesus, ich liebe dich, hier stehe ich, hilf mir bitte weiter zu dir!" Dann beginnt in deiner inneren Welt sein Wort an dich zu wirken: „Folge mir nach!"

Eine geistige Ermahnung

Diesmal will ich von einem besonderen Erlebnis aus meinem ganz irdischen Lebensalltag berichten. Ein Freund und ehemaliger Arbeitskollege von mir hatte sich selbstständig gemacht und führte einen kleinen Bäckereibetrieb. Eines Tages rief er mich ganz aufgelöst an und brachte seine Verzweiflung zum Ausdruck: Seine zwei Gesellen haben ihn bestohlen, er hat sie sofort gekündigt und steht jetzt allein da. Die Kunden wollen natürlich weiter beliefert werden, aber er schaffe das alles nicht mehr. Deshalb bitte er mich, ihm auszuhelfen, bis er wieder Gesellen gefunden habe.

Ohne den lieben Laurentius zu fragen, sagte ich zu, ihm hilfreich sein zu wollen. Das hieß für mich, um 3 Uhr früh aufstehen, bis ca. ½ 7 Uhr in der Backstube arbeiten, dann mit dem Auto in die Firma fahren und dort wie gewohnt meine Arbeit verrichten.

Der liebe Laurentius fand dies aber gar nicht gut, und es sollte mir über eine Erfahrungstatsache klargemacht und bewusst werden, was wichtiger ist – ein Zusatzverdienst oder mein geistseelisches Wirken als Medium.

Ungefähr drei Wochen waren es schon, dass ich bei meinem Freund arbeitete, und bisher war alles gut gegangen. Als ich eines Nachts einen Laden voll Brotwecken zur Gare[4] aufheben wollte, wie ich es auch sonst immer ohne Probleme zu tun pflegte, ereignete sich Folgendes: Ich hob den vollen, recht schweren Brotteigladen an – und zu meiner Verwunderung ging er wie von allein hoch, allerdings nur bis ca. 20 cm unter dem Garengestänge. O Schreck, das volle Gewicht war plötzlich wieder mir überlassen, und nur mit größter Anstrengung und unter Einsatz

---

[4] Die Gare oder Gehzeit beschreibt die Zeit zwischen der Teigbereitung und dem Backen.

meiner ganzen persönlichen Kraft brachte ich den Laden gerade noch bis zum Garengestänge hinauf. Ich wankte!

Die Nachwirkung war enorm! Der Anstrengung wegen musste ich mich auf die Salzkiste setzen und um Kraft bitten. Und siehe da, es meldete sich hellhörend Laurentius und sprach zu mir etwa folgendermaßen: „Wir Engel Gottes haben dich im Willen Gottes mühsam zu einem Mittler ausgebildet. Wenn du weiterhin diese kräfteraubende irdische Tätigkeit vollbringst, reißt du in dir die Odstruktur, welche wir sorgfältig aufgebaut haben, entzwei. Damit wäre unsere weitere Wirkmöglichkeit mit dir sehr gering und unergiebig."

Laurentius erklärte mir außerdem noch, warum der Laden beim Hochheben so leicht war, aber eben nur bis zu einer gewissen Höhe. „Einer deiner ehemaligen Kollegen ist schon seit einiger Zeit im Jenseits. Ihn baten wir um seine Hilfe zu dem Zweck, um dir klarzumachen, dass wir dich mit einer gesunden, von uns aufgebauten Odkraftstruktur als Mittlerperson brauchen. Dein Kollege von einst half dir also beim Hochheben. Da er staturmäßig aber kleiner war als du, so musstest du den Laden das letzte Stück selbst hinaufheben, und dies verlangte dir mehr Kraft ab, als du zu leisten imstande warst."

Es erging seine Bitte an mich, ich solle mit dieser körperlich schweren, nächtlichen Tätigkeit aufhören. Die Engel Gottes würden sich bemühen, meinem Freund Helfer zur Seite zu stellen. Einsichtig folgte ich dem Rat von Laurentius und ging von da an nur mehr meiner Tagesarbeit nach, wodurch ich überdies wieder mehr Zeit für meine liebe Familie hatte.

Mediales Sprechen – geistige Ansprachen der Engel Gottes durch mich

Während der ersten Jahre meiner Mittlerschaft wechselten meine Schutz- und Kontrollengel. Als Laurentius die Kontrolltätigkeit bei mir innehatte, kam ein besonderes Engelwesen, das sich „Emanuel" nannte, als Schutzengel zu mir und wirkte lange Zeit mit mir zusammen.

Geistige Zusammenkünfte im kleinen Kreis

Viele Jahre lang fanden regelmäßig Zusammenkünfte geistig Interessierter und geistseelisch strebsamer Menschen in einem kleinen Kreis statt, wo ich als Mittler wirkte. Der Ablauf dieser Andachten, die auch als „Erbauungen" bezeichnet wurden, war stets so, dass nach einer Einstimmung mit Musik und Gesang, einem Gebet und einführenden Worten des irdischen Leiters zur Höherschwingung die Engel Gottes geistige Ansprachen durch mich als Mittler kundgaben. Im Anschluss an diese medialen Kundgaben besprachen die Andachtsteilnehmer den Inhalt des Gehörten. Oft bestand noch die Möglichkeit, geistige Anfragen an die Engel Gottes zu richten, die ebenfalls durch mich medial beantwortet wurden. Des Weiteren konnte um Gebetshilfe angesucht und über bereits erhaltene Gebetserhörungen berichtet werden.

Eine eingetroffene Prophezeiung

Als ich einmal in so einer Andacht nach einer geistigen Kundgabe aus der Trance erwachte, gab es eine rege Diskussion unter den Zuhörern. Man berichtete mir, dass von den Engeln Gottes kundgegeben worden war, Truppen der Sowjetunion und ihrer Verbündeten werden in der Tschechoslowakei einmarschieren und den Prager Frühling beenden. Sogar genauere Einzelheiten dazu waren von den Engeln Gottes bekannt gegeben worden: Es werde einen kurzen Kampf geben und dabei auch Tote. Mit dieser Prophezeiung gingen wir auseinander, und sie ist tatsächlich genau so eingetroffen, wie uns vorausgesagt worden ist!

Geistige Andachten im größeren Kreis

Ungefähr zehn Jahre lang war Josef der irdische Leiter unseres kleinen geistigen Kreises mit mir als Mittler. Gegen Ende dieses Zeitraumes wurde Josef von den Engeln Gottes mit Otto zusammengeführt, dem irdische Leiter einer anderen geistigen Gemeinschaft. Die beiden vereinbarten, in weiterer Folge ihre Andachten gemeinsam in einem etwas größeren „Kellerlokal" abzuhalten.

Zu meiner Freude waren dort auch wechselnd ein bis drei weibliche Sprechmedien im Einsatz, sodass ich nicht – wie bisher – als einziger Mittler mit meinen Engelfreunden wirken musste. Diese Andachten dauerten länger, da ja die Schutzengel oder Kontrollengel aller anwesenden Medien Ansprachen kundgaben. Dort wirkte ich mit meinem damaligen obersten geistigen Leiter Laurentius, aber auch Emanuel übermittelte des Öfteren geistige Ansprachen durch mich.

Bewährungsproben für die geistige Gemeinschaft

Da Josef und Grete inzwischen aufs Land gezogen waren, nahm mich Otto freundlich unter seine irdische Leitung. Der Ablauf der Andachten in diesem Kellerlokal war aber nicht so geordnet, wie ich es bisher gewohnt war. Die Teilnehmer waren nicht immer dieselben, viele von ihnen kamen nur sehr unregelmäßig, obwohl aus meiner Sicht von den Engeln Gottes herrliche geistige Kundgaben übermittelt wurden. Auch die an Erdenjahren schon etwas älteren Medien erschienen nicht immer verlässlich zu den Erbauungen. Diese ganze Situation war für unseren irdischen Leiter Otto also nicht gerade einfach, es gab viele Unsicherheitsfaktoren, und so blieb die Teilnehmerzahl recht niedrig, sie lag oft nur bei 25-30 Personen.

Nach so einer geistigen Erbauung war Otto wieder einmal menschlich sehr enttäuscht, dass nur so wenige Personen teilgenommen hatten. Deshalb richtete er einen eindringlichen Appell an alle Anwesenden: „Liebe Freunde, wenn ihr in Zukunft nicht regelmäßig zu unseren Andachten kommt, müssen wir damit aufhören! Sagt es bitte auch allen anderen weiter, die heute wieder nicht anwesend sind!"

Aus meiner Sicht und auch nach dem Empfinden von Ottos Frau, welche eines der Sprechmedien in unserer Gemeinschaft war, änderte sich trotz dieser mahnenden Worte nur wenig. Otto und auch die durch die Medien sprechenden Engel Gottes gaben sich weiterhin sehr viel Mühe, die Teilnehmer davon zu überzeugen, dass die Liebeslehre Jesu Christi der Wegweiser für das zukünftige Leben im lichten Jenseits ist und das kurze Erdenleben dafür genützt werden soll, sich gottgewollt geistseelisch zu entwickeln.

Heute weiß ich, dass diese mediale Übermittlung geistiger Wahrheiten von den Engeln Gottes an die Erdenmenschen den satanischen Mächten stets ein Dorn im Auge war und ist – wollen jene doch den Erdenmenschen geistiges Wissen vorenthalten und sie von der persönlichen geistseelischen Höherentwicklung abhalten. Jene waren es also auch, die es mit ihrer Schlauheit in raffinierter Weise verstanden, Mitglieder der geistigen Gemeinschaft vom Besuch der Andachten abzuhalten und darüber hinaus einen möglichen Zustrom neuer geistig interessierter Menschen zu unterbinden.

Der Helfer in der Not

Mit der Zeit änderte sich zwar etwas, es kamen einige neue Teilnehmer dazu, dies war dem lieben Laurentius allerdings zu wenig, sodass eine geistige Besprechung im kleinsten Kreis angesetzt wurde, an der Otto, seine engsten Vertrauten und alle Medien teilnahmen.

So lange ich noch nicht in Trance war, konnte ich mithören, dass es dabei einerseits um Maßnahmen zur Anhebung der Teilnehmerzahl ging und andererseits Überlegungen zur Sprache kamen, die geistigen Kundgaben künftighin schriftlich herauszugeben, und zwar in Form von gebundenen Heften unter dem Namen „Worte der Erbauung", die von den Andachtsteilnehmern gegen eine freiwillige Spende bezogen werden könnten. Otto äußerte jedoch Bedenken, zumal all dies viel Arbeit bedeutete, angesichts der wenigen Teilnehmer aber wenig effizient schien.

Schließlich kamen die Schutzengel der anwesenden Medien mit ihren geistigen Stellungnahmen zu den vorgebrachten Vorschlägen zu Wort. Ich hörte aufmerksam zu, gewahrte aber hellhörend, dass anstelle von Emanuel Laurentius selbst eine Kundgabe tätigen wollte.

Laurentius ergriff auch tatsächlich das Wort mit seiner gewohnt deutlichen Ausdruckskraft und hielt eine flammende Ansprache mit einer unerwarteten, aber ganz klaren Botschaft, wie man mir später seine Prophezeiung schilderte. Diese soll ungefähr so geklungen haben: „Ich, Laurentius, werde alles daran setzen, dass diese Räume hier mit Teilnehmern voll sein werden!" – unser Kellerlokal fasste 50-55 Personen – „Dann werdet ihr hier ganz in der Nähe eine viel größere Lokalität finden und die Gemeinschaft wird sich an Teilnehmern mehrmals verdoppeln!"

Die geistige Gemeinschaft wächst und wächst

Und tatsächlich erhöhte sich die Anzahl der Teilnehmer jetzt deutlich, das Kellerlokal füllte sich langsam, sodass Otto und sein Team zur Einsicht kamen, sich in der Nähe nach einem neuen Lokal umzusehen, wie Laurentius angeraten hatte. Nach anfänglichem Zögern – man wollte ja weiterhin die Erbauungen eher im privaten Rahmen abhalten, aber der Zulauf wurde zusehends größer – entschloss man sich, in einem nahe gelegenen Veranstaltungszentrum nach einer Räumlichkeit zu fragen, um auch für alle neuen Teilnehmer genügend Platz zur Verfügung zu haben. Dort wurde zunächst ein kleiner Saal gemietet mit Platz für ca. 90 Personen, der aber nach relativ kurzer Zeit auch schon wieder zu klein war, denn der Zustrom neuer geistig Interessierter hielt unvermindert an.

Otto und sein Team waren wieder gefordert, jetzt den großen Saal zu mieten, welcher aber entsprechend teuer war. Der Bitte an die Teilnehmer um freiwillige Spenden wurde in überraschend reichlichem Maße Folge geleistet. Als der große Saal gemietet war, waren wir ungefähr 100 Personen, der Saal bot aber Platz für rund 350 Personen. Und siehe da, es dauerte wieder nur verhältnismäßig kurze Zeit, bis auch dieser große Saal mit neuen Teilnehmern bis auf den letzten Platz besetzt war.

Wir alle, die wir ja die Prophezeiung von unserem Engel Laurentius gehört hatten, waren erfüllt von tiefem Erstaunen, von Ergriffenheit, Dankbarkeit und Vertrauen in die Engel Gottes.

Die Offenbarung geistiger Wahrheiten durch die Engel Gottes durfte im Willen Gottes in dieser großen geistigen Gemeinschaft durch viele Jahre erfolgen. Viele, viele dieser medial übermittelten Kundgaben von Emanuel und auch von anderen Engeln Gottes wurden von Frau Gisela Weidner zu herrlichen Büchern verarbeitet. Insgesamt fünfzig hat sie in ihrem Eigenverlag herausgegeben. Gerade das als Erstes herausgegebene Werk „Laurentius – Schritte der Tat zur Entwicklung"[5] ist eine wahre Fundgrube für alle an einer gottgewollten geistseelischen Emporentwicklung Interessierten.

In diesem Zusammenhang sei darauf hingewiesen, dass diese Kundgaben der Engelfreunde zum Teil auch in tschechischer Sprache erschienen sind, und auch ins Englische wurde, soviel ich weiß, zumindest ein Buch übersetzt. Heute kann ich mit Recht sagen, wir waren ein gemeinsam inkarniertes Team, um den Erdenmenschen geistige Wahrheiten übermitteln zu können.

Die geistige Gemeinschaft in Tschechien

Als kurzen Einschub möchte ich an dieser Stelle von einem bemerkenswerten Besuch bei einer uns geistig verbundenen Gemeinschaft in der damaligen Tschechoslowakei berichten. Auf Einladung lieber Freunde aus Österreich fuhren meine Frau und ich gemeinsam mit ihnen mit dem Zug nach Prag und besuchten auch noch einige andere Orte. Der Grund unserer Reise war das Kennenlernen der leitenden Personen dieser geistigen Gemeinschaft in unserem Nachbarland, aufgebaut von unseren österreichischen Freunden und versorgt mit „unseren" Kundgaben der Engel Gottes.

In einer unserer gemeinsamen Gesprächsrunden mit dabei war auch ein Heilmedium, welches meine Frau behandelte und mit weiteren guten Ratschlägen versorgte. Des Weiteren, so erinnere ich mich, war auch ein Historiker jüngeren Alters anwesend und erklärte folgende interessante Zusammenhänge:

In seinem Heimatland ist die Liebeslehre Jesu Christi deshalb auf fruchtbaren Boden gefallen,

1. weil die ältere Generation mit den Lehren des Kommunismus nichts anfangen kann,

[5] siehe Literaturverzeichnis

2. weil die sogenannten Religionsgemeinschaften mit ihren Lehren zu schwach sind, den Menschen einen sicheren Halt für ihr Leben zu vermitteln, und dementsprechend zu wenig Anreiz zur Befolgung bieten,
3. weil die Liebeslehre Jesu Christi, diese geistigen Wahrheiten, welche von den Engeln Gottes uns Erdenmenschen übermittelt werden, alles erfüllen, Seele und Geist bewegen, geistigen Halt und eine Zukunftsperspektive bieten.

Natürlich fragten unsere Freunde, welche uns zu dieser Reise eingeladen hatten und selbst die tschechische Sprache beherrschten, auch nach Einzelheiten betreffend die verschiedenen kleinen Kreise dieser tschechischen Gemeinschaft und deren Mitglieder. Dabei erfuhren wir unter anderem, dass die Mitgliederzahl zwar schwankend ist, aber oft bis zu 300 Personen beträgt.

Da einige Mitglieder dieser tschechischen Gemeinschaft der deutschen Sprache mächtig sind, können auch die erforderlichen Übersetzungen unserer geistigen Kundgaben getätigt und somit eben auch in tschechischer Sprache Hefte und Bücher, auch Einzelschriften zusammengestellt werden, um ihre verschiedenen Kreise mit Nahrung von den Engeln Gottes in geistseelischer Hinsicht zu versorgen.

Dazu eine kurze Bemerkung: Selten habe ich eine so innige Liebenswürdigkeit und Vertrautheit erlebt wie bei unserem Besuch bei diesen Menschen in unserem Nachbarland! Deshalb sei auch auf den jetzt immer noch bestehenden Kontakt zu unseren lieben Freunden in der geistigen Gemeinschaft in Tschechien hingewiesen, welchen ein lieber Freund mit seinem Team aufrechterhält, denn den Engeln Gottes ist auch das Seelenheil unserer tschechischen Freunde wichtig! Danke!

Nach diesem Ausflug über die Landesgrenze kehre ich wieder zurück zu meinen Erlebnissen mit den Engeln Gottes ...

Geistige „Urlaubsseminare"

Einmal im Jahr hatten einige Mitglieder unserer Gemeinschaft die Gelegenheit, mit Otto und seiner Frau „auf Urlaub" zu fahren. Da auch meine liebe Frau und unsere liebe Tochter treue Teilnehmerinnen an den geistigen Zusammenkünften waren, wurde an uns als Familie die Bitte herangetragen, mitzukommen. Es sollte eine Art Seminar-Urlaub werden mit Kundgaben der Engel Gottes durch die teilnehmenden Medien. Ich nehme es gleich vorweg – Urlaube im herkömmlichen Sinn waren diese Seminare für mich keine!

So ein „Urlaubstag" hatte für mich nämlich ungefähr den folgenden Ablauf: Um ½ 10 Uhr begannen die sogenannten „geistigen Fragenbeantwortungen". Dies bedeutete im Klartext, dass die Seminar-Teilnehmer die Möglichkeit hatten, entweder in einer persönlichen Vorsprache oder in schriftlicher Form ihre Wünsche, Sorgen, gesundheitlichen Probleme usw. über Otto den lieben Engeln Gottes vorzulegen, welche dann ihre hilfreichen geistigen Ratschläge medial durch mich kundgaben. Da von dieser Möglichkeit gerne und reichlich Gebrauch gemacht wurde und die Anzahl der Anfragen stetig zunahm, überzogen wir die dafür vorgesehene Bearbeitungszeit mit den Engeln Gottes sehr oft. Dadurch blieb leider weniger Zeit für das gemeinsame Mittagessen mit meinen Lieben.

Bei meinen nachmittäglichen Spaziergängen oder kurzen Wanderungen mit meiner Familie hielten sich manche Seminarteilnehmer ganz gezielt in unserer Nähe auf, um mit mir Gespräche führen zu können und womöglich durch mich hellhörend weitere geistige Antworten auf ihre Fragen zu erhalten. Auch wenn wir einen kleinen Ausflug im schönen Kärntnerland unternahmen, waren wir als Familie betrachtet nie allein. Diese Gepflogenheiten wurden aber von den lieben Engeln Gottes bald allgemein abgestellt.

Nach dem Abendessen wurden schließlich allabendlich noch Andachten abgehalten mit Kundgaben der Engel Gottes durch Ottos Frau Maria und mich. Dies war also der ganz normale Ablauf eines Seminartages für mich, welchen ich so ganz beiläufig als „Urlaubstag" bezeichnete.

Geistige Fragenbeantwortungen durch die Engel Gottes

Diese Möglichkeit für geistige Anfragen an die Engel Gottes bei den Seminaren erfreute sich, wie gesagt, großer Beliebtheit und hatte sich rasch herumgesprochen, sodass Otto keinen anderen Ausweg sah, als sie beizubehalten und auch den Andachtsteilnehmern in Wien Gelegenheit dazu zu geben.

Die weitere Vorgehensweise gestaltete sich nun folgendermaßen: Jeden Donnerstag gegen 17:30 Uhr fuhr ich nach meiner Arbeit in der Firma zu Otto, um als Mittler zu dienen, damit die von Otto gesammelten Fragen der Andachtsteilnehmer von den Engeln Gottes durch mich beantwortet werden konnten.

Rein materiell ausgerichtete, speziell auf Geldangelegenheiten abzielende Fragen wurden grundsätzlich nicht beantwortet, es sei denn, es bestand ein geistiger Aufklärungsbedarf im Zusammenhang damit. Auf Anfragen betreffend zum Beispiel den Mitteleinsatz für hilfreiche Spenden an Bedürftige oder für andere wohltätige Zwecke wurden von den Engeln Gottes hingegen gerne geistige Ratschläge oder Hinweise gegeben.

Der „Herrgottsschnitzer"

Eine dieser geistigen Fragenbeantwortungen blieb mir aus Erzählungen von Otto als besonders beeindruckend in Erinnerung, sinngemäß will ich sie hier gerne wiedergeben. Die vorgelegte geistige Anfrage lautete ungefähr so: „Ich bitte die Engel Gottes um Rat und Hilfe, warum in meinem Geschäft Kundenfrequenz und Umsatz ständig zurückgehen, während in den Nachbargeschäften reger Betrieb herrscht."

Dazu ist vorweg eine kurze Erklärung erforderlich: Der betreffende Geschäftsmann war ein Südtiroler „Herrgottsschnitzer", wie er dort genannt wurde. Er hatte sich unserer Gemeinschaft im erweiterten Leserkreis angeschlossen und bekam auch die Kundgaben-Hefte „Worte der Erbauung" zugesandt. Aus dem Inhalt eines Heftes hatte er herausgefunden, dass die Möglichkeit zu Anfragen an die Engel Gottes über Medien bestand, und so schrieb er einen Brief an Otto mit der Bitte um Berücksichtigung seines Anliegens.

Otto legte das Bittschreiben den Engeln Gottes vor und Emanuel antwortete dem Sinne nach so: „Deine Schwingung ist seit deiner Gesinnungsänderung zum Gottgewollten heller geworden. Dieses ‚Leuchten' deiner Aura ist den satanischen Mächten ein Dorn im Auge, denn sie scheuen lichte geistseelische Ausstrahlungen. Deshalb haben sie einen listigen Plan ausgeheckt und links und rechts beim Eingang deines Geschäftes satanische Wächter postiert mit einer starken menschlichen ‚Antistrahlung', sodass die Auslagen zwar besichtigt, die Kaufkunden aber davon abgehalten werden, dein Geschäft zu betreten."

Obwohl seine Verkaufszahlen schon rückläufig waren, bevor er begonnen hatte, die Erbauungshefte inniger zu lesen und Gebete um Hilfe an den Schöpfer zu richten, erhielt der Geschäftsmann nach einiger Zeit eine weitere kurze geistige Botschaft vom Engel Gottes Emanuel: „Ich, Emanuel, habe für den Anfragenden erwirkt, dass St. Michael geistige ‚Kämpfer' schickt, welche den Spuk vor der Eingangstür deines Geschäftes beenden werden."

Tatsache ist, dass nach einiger Zeit ein Schreiben vom Herrgottsschnitzer eintraf mit freudigem Dank an Gott, Christus,

St. Michael und an den Engel Gottes Emanuel für die rasche Hilfe: „Das Verkaufsgeschäft ist wieder gut angelaufen, ich kann meine Familie wieder ernähren und die aufgelaufenen Zahlungen begleichen."

Meine Urlaubserlebnisse mit den Engeln Gottes

Umleitung eines Gewitters
durch Erzdewa Hegora

Wieder einmal waren wir in Kärnten „auf Urlaub", die Pension unseres damaligen irdischen Seminarleiters Fritz war mit Mitgliedern unserer Gemeinschaft voll belegt. Auch einige in der Nähe wohnende geistig Interessierte nahmen an unseren Seminarandachten teil.

Eines Nachmittags hatten bereits alle ihre Sitzplätze eingenommen, als Fritz erschien und verlautbarte, dass wir mit dem Beginn der Andacht noch zuwarten, da ein schweres Gewitter aufsteigt und er aus seiner langjährigen Erfahrung weiß, dass Gewitter oft sehr heftig ausfallen, wenn sie aus dieser Richtung kommen. Auch seine Frau Josefine und einige Einheimische pflichteten ihm bei. In dieser Situation rief er uns zu einem gemeinsamen Gebet um Schutz und Hilfe auf.

Nachdem wir alle gemeinsam innig gebetet hatten, hörte ich hellhörend den Rat von meinem Schutzengel Emanuel, dass wir uns an „Hegora", den Erzdewa dieses Gebietes, wenden sollen. Dies teilte ich unserem Seminarleiter mit und wir riefen alle Hegora um Hilfe an. Draußen war es schon ziemlich finster geworden und die Gewitterfront bewegte sich in breitem Bogen auf unser Seminargebäude zu. Fritz hielt unentwegt Ausschau und informierte uns: „Wenn nicht von oben geholfen wird, gibt es Sturm, Hagel und Starkregen!"

Schon zuckten die ersten Blitze und Donner grollten, unsere Gebete wurden intensiver, jeder gab sein Bestes, um Hilfe zu erflehen, immer wieder wurde Hegora um sein helfendes Eingreifen gebeten. In der Umgebung wütete ein gewaltiger Sturm, die ersten Böen und Regenschauer kamen auch schon bis zu unserem Seminarhaus. Es herrschte eine Finsternis draußen, welche einer Nacht glich. Sehr besorgt beobachtete Fritz diese Vorgänge rund um sein Haus, während wir drinnen unentwegt beteten.

Kurz bevor die Sturmböen mit Regen und Hagel mit voller Wucht einzutreffen drohten, kam Fritz in den Seminarraum gelaufen, wo wir alle beteten. Selbst ziemlich erstaunt darüber, aber sichtlich erleichtert, teilte er uns mit, dass die Gewitterfront sich überraschenderweise teilen und uns nur streifen, aber nicht voll treffen dürfte. Da drängten sich viele Andachtsteilnehmer an die Fenster und wollten dies selbst beobachten. Es geschah in so einer Schnelligkeit, dass man förmlich zusehen konnte, wie sich die schwarzen Wolken in unserer unmittelbaren Nähe teilten und seitlich verzogen.

Aufatmen, Freudentränen, Dankgebete an Gott, Christus, Hegora, Emanuel und an unsere Schutzengel waren unsere Reaktion. Alle waren wir dankbar und tief ergriffen! Somit war die Seminarandacht gerettet und in ihrem Ablauf in besonderer Weise durchdrungen von Gefühlen der Dankbarkeit, denn Sturm und Gewitter, extreme Hitze, atmosphärische Spannungen usw. können das mediale Wirken eines Mittlers sehr stark beeinträchtigen oder sogar unmöglich machen.

Nach diesem Erlebnis fragte ich bei Gelegenheit meinen Schutzengel Emanuel, ob ich diesen Erzdewa, welcher uns so geholfen hat, nicht sehen könne. Dies war aber zu viel von mir verlangt. „Es ist noch nicht vorbereitet, dass du Hellsehwahrnehmungen erhalten kannst!", so seine Antwort.

Auflösung von Wolken durch die Engel Gottes

Meine liebe Frau hatte um einen Kuraufenthalt angesucht, der wegen ihrer Wirbelsäulenbeschwerden auch bewilligt worden war, und so fuhren wir gemeinsam ins Mühlviertel. Ich bat meinen lieben Schutzengel, er möge uns begleiten, und auch um Schutz und Hilfe sowie für meine liebe Frau um Heilung. Am Bestimmungsort angekommen, bedankten wir uns für den Schutz und Beistand während der langen Fahrt.

Die Behandlungstage meiner lieben Frau liefen nur so dahin. Während sie ihre Therapieanwendungen erhielt, unternahm ich kleine Wanderungen und las geistige Bücher. Eines Tages, als wieder eine längere Behandlungsserie für sie angesetzt war, brach ich zu einer Wanderung auf den größeren Berghügel in der Nähe auf. Wie immer hatte ich ein geistiges Buch mit dabei. Dem Berghügel näher gekommen, erblickte ich ein Marterl mit einem Bankerl davor, welches zum Verweilen einlud. Ich betete und versank im Lesen des Buches.

Da hörte ich hellhörend die Stimme von Emanuel. Er begrüßte mich wie gewohnt mit „Gott zum Gruß!" und seinem Namen. Dies geschah für mich überraschend, ich war darauf nicht vorbereitet. Wir kamen ins Gespräch, meiner Erinnerung nach sagte er zu mir ungefähr Folgendes: „Du bist jetzt in guter Schwingung, die Naturengelwesen sind um dich und einige Engel Gottes sind auch mit mir zu dir gekommen. Wir wollen dir eine Freude bereiten. Du kannst dir unter den Wolken, welche am Firmament über dir von West nach Ost hinwegziehen, eine aussuchen, und wir werden diese vor deinen Augen auflösen. Suche dir jetzt eine Wolke aus, sie soll aber nicht zu klein sein! Wenn du sie im Westen ausgewählt hast, brauchen wir nur etwas Zeit, einige Minuten, bis sie dann im Osten von dir nicht mehr vorhanden ist."

Ich hielt es für unrealistisch – wie sollte man Wolken in so kurzer Zeit auflösen können? –, denn es waren größere und kleinere kompakte weiße Wolkengebilde, die da langsam vor meinen Augen vorbeizogen. Zur ersten von mir gewählten Wolke sagte Emanuel „zu klein", bei meiner zweiten Wahl „nicht kompakt genug." Daher wartete ich ab, bis eine seinem ungefähren Wunsch entsprechende größere bauschige Wolke am Horizont auftauchte. „Bitte, lieber Emanuel, diese Wolke habe ich jetzt ausgesucht", war mein dritter Vorschlag. Seine diesmalige Antwort: „Sie ist zwar recht groß und kompakt, aber wir wollen es versuchen."

Unentwegt schaute ich zu „meiner" Wolke empor. Schon als sie sich noch etwas westwärts befand, begannen sich die Ränder der Wolke aufzulösen, als sie oberhalb von mir war, brach sie entzwei und teilte sich in mehrere Wolkenteile mit dem Ergebnis, dass die einzelnen Teile gegen Osten hin immer dünner wurden, bis sie ganz verschwanden. Große Freude war in meinem Gemüt, meine tiefe Bewegung im Inneren war innigster Dank an den Schöpfer, an Christus, an die Engel Gottes, besonders an Emanuel, welcher mir dieses Erlebnis geboten hatte.

Nachdem ich, in innerer Hochstimmung, wieder mein seelisches Gleichgewicht erlangt hatte, bot mir Emanuel an – zu meiner Vergewisserung, dass ich keinem Schwindel, keiner Täuschung erlegen war –, noch einen weiteren Versuch zu machen. Wieder sollte ich eine Wolke auswählen und wieder verlief alles ganz ähnlich wie bei der ersten Wolkenauflösung.

Inzwischen war es Zeit geworden, meine Frau vom Behandlungshaus abzuholen. Natürlich erzählte ich ihr mein Erlebnis mit der Wolkenauflösung durch Emanuel. Verdutzt schaute sie mich an – es wollte einfach nicht in ihr Denken hinein. Bei nächster Gelegenheit wollte ich deshalb Emanuel bitten, auch meiner lieben Frau diese Tatsache zu zeigen. Da sie nach einigen Tagen wieder länger dauernde Behandlungstermine eingeteilt hatte, wollte ich noch einmal auf den Berghügel hinauf zum Marterl gehen, um mit Emanuel darüber zu sprechen.

Als ich ihm erzählte, dass meine liebe Frau bei meiner Erzählung über die Wolkenauflösung skeptisch war, und ihn bat, auch ihr diese Tatsache vorzuführen, war er sofort einverstanden. Meine Frau äußerte allerdings Bedenken, ob sie es zu Fuß schaffen würde, den Berghügel hinauf bis zum Marterl – denn ich hatte gar nicht bedacht, dass sie ja beim Gehen beeinträchtigt war wegen ihrer Wirbelsäulenbeschwerden, zu deren Besserung bzw. Heilung sie eigentlich zur Kur war. So bat ich wieder Emanuel, ihr auch dabei zu helfen, und siehe da, sie schaffte es!

Wir beteten kurz und Emanuel wandte sich zur Begrüßung mit der Anrede „Meine liebe Schwester in Christus!" an meine Frau. Sie durfte sich ein Wolkengebilde nach ihrem Wunsch aussuchen, das bald Übereinstimmung mit den Vorstellungen von Emanuel fand. Die Auflösung dieser Wolke verlief allerdings etwas anders als bei meinen beiden.

Ungefähr in der Mitte dieser Wolke war nämlich ein etwas dunklerer „Kern", so kompakt, dass er allen Auflösungsversuchen zunächst hartnäckig standhielt, auch als das Weißliche rundherum schon längst aufgelöst war. Schließlich trieb der leichte Wind diesen dunklen Kern ein wenig nach Osten ab, bis auch er mit einem Mal zersprang und sich zusehends auflöste. Meine Frau war begeistert davon, was Emanuel uns geboten hatte. Aufrichtig und voller Freude dankten wir mit ganzer Hingabe!

Auf eine später von mir gestellte Frage bezüglich der geistigen Wirkungsweise bei so einer Wolkenauflösung, gab mir Emanuel zur Antwort: „Energien aus höherschwingenden Dimensionen können jede Materie auflösen."

Die Gnadengabe des Hellsehens

Zu dieser aus Gottes Gnaden mir geschenkten Gabe des Hellsehens will ich noch einiges zur Erklärung anführen. Es ist mir heute bewusst, dass ich aus mir selbst, also allein durch meine Willensanstrengungen, wie immer ich es auch damals anging, nicht den geringsten Erfolg mit dem Hellsehen erzielen konnte. Auch wenn ich meditierte, also in positiver Schwingung war, passierte nichts im Hellsehen, obwohl ich es doch so gern gehabt hätte. So fand ich mich damit ab und betete: Wenn es im Willen des Schöpfers ist, möge es geschehen!

Natürlich fragte ich meinen Schutzengel Emanuel, warum ich trotz meiner Anstrengungen vielfältiger Art keinen Hellseh-Erfolg hatte. Seine Antwort: „Was jetzt noch nicht ist, kann werden. Nimm zur Kenntnis, dass du es nicht forcieren kannst!" Etwas bedrückt nahm ich diese Antwort entgegen und fand mich damit ab, dass ich einen Schutzengel habe, den ich hellhörend fragen darf und von ihm Antworten bekomme.

Wir arbeiteten also wie gewohnt gemeinsam weiter an den Vorwörtern für die Bücher von Frau Gisela Weidner, beantworteten geistige Anfragen von Teilnehmern und erledigten noch vieles andere mehr. Nur die Anfragen betreffend gesundheitliche Probleme beantworteten die Geistärzte, alles andere Emanuel.

Mein erstes Hellsehbild: Jesus

Eines Tages war es dann endlich so weit mit dem Hellsehen: Es fand eine „Begegnung" mit Jesus in der Natur statt! Zunächst registrierte ich gar nicht bewusst, dass ich ihn hellsehend wahrnahm. In meiner Erinnerung erlebte ich diese Erscheinung ungefähr so: Ich sah Jesus in voller Körpergröße vor mir stehen, mit einem weißlichen Vollkleid bekleidet, mich mild anlächelnd, am Schotterufer eines Gewässers in etwa 50-60 m Entfernung. Wie ich erkennen konnte, waren seine Haare dunkelbraun bis schwärzlich, in der Mitte gescheitelt. Er streckte seine Hände nach mir aus.

Jetzt machte ich aber einen entscheidenden Fehler, denn ich sagte zu ihm: „Komm doch bitte näher her zu mir!" – und im selben Augenblick war Jesus weg ... Ich fand mich allein in der Natur wieder und hatte keine Freude mit mir, obwohl ich große Freude haben hätte können. Etwas benommen und sehr weinerlich setzte ich meinen Weg fort.

Mein lieber Schutzengel Emanuel erklärte mir dazu zunächst Folgendes: „Wir Engel Gottes haben dich in dieser einsamen Natur gut in den Schwingungszustand einer höheren Dimension gebracht, sodass deine Geistseele gelockert werden konnte. Und in diesem Zustand konntest du Jesus sehen."

Dann erklärte mir Emanuel aber auch das plötzliche Wegsein von Jesus: „Durch dein Wollen, Jesus solle näher zu dir kommen, hast du die Schwingung, welche wir aufgebaut hatten, wieder auf ein Erdenschwingungsmaß hinuntergedrückt und damit die Schwingungsdimension verlassen, welche Jesus benötigte, um sich dir zeigen zu können."

Anstatt Jesus, Emanuel und den Engeln Gottes für dieses Erlebnis zu danken, haderte ich mit mir, so einen groben Fehler begangen zu haben. Zu meiner großen Freude durfte ich Jesus in weiterer Folge noch des Öfteren sehen, vielfach jedoch nur als Kopf- oder Brustbild.

Mögliche zukünftige Hellseherlebnisse betreffend gab mir Emanuel noch eine wichtige geistige Belehrung, welche ich jetzt in meinen Worten wiedergebe: „Nichts dabei denken oder reden und den irdischen Verstand ausschalten!"

Aus meinem groben Fehler hatte ich gelernt und mein Vorsatz war gefasst: Für den Fall, dass ich noch einmal die Gnade erhalten sollte, etwas hellsehend gezeigt zu bekommen, werde ich mich jetzt schon darin üben, die von Emanuel erhaltene Belehrung auch umzusetzen, also nichts dabei zu denken oder zu reden und den irdischen Verstand auszuschalten.

Einblicke in meine Hellsehbilder

In konsequenten Lernprozessen zeigten meine Übungen Erfolge, denn ich durfte fortan bei vielen Spaziergängen in der Natur Hellsehbilder erleben. Einige dieser Bilder wurden von mir skizziert. Da wir in der Gemeinschaft eine Zeichnerin und Malerin hatten, deren Namen Karla ich aus Dankbarkeit hier anführe, wurden aus meinen Hellsehskizzen von ihr Hellsehbilder gemalt. Etliche davon sind abgebildet in den Büchern „Der Weg zur Gesundheit", „Ewige und endliche Gesetze Gottes" und „Erkenne dich selbst", allesamt herausgegeben von Frau Gisela Weidner[6], und einige davon können auch auf den folgenden Seiten dieses Buches betrachtet werden. Zu einzelnen Bildern sind meine persönlichen Hellseh-Beschreibungen angeführt sowie einige zugehörige geistige Erklärungen der Engel Gottes.

[6] siehe Literaturverzeichnis

Hellsehbild des Mittlers:

„Christus segnet das Korn"

Ich sah ein Weizenfeld mit gelbgoldigen Weizenähren. Am Himmel erschien eine große weiß leuchtende rötliche Hand, welche in der Mitte das Wundmal trug. Von dort aus ging auf das Ährenfeld eine Strahlung hinunter. Oberhalb der Ähren sah ich sechs Elementseelen oder Elfen, 12-15 cm groß. Am Erdboden waren eine Menge verschiedenfarbige Erdgnomen mit kleinen Rechen und anderen Geräten am Werk, manche in gebeugter Stellung. Alles war in Bewegung.

Erklärung der Engel Gottes:

In den entsprechenden geistigen Kundgaben war der Wert des Kornes und aller „lebendigen" Früchte in Bezug auf die Bewältigung des Erdendaseins – „Näher mein Gott zu dir" – der goldene Faden. Christus hat aus der Kraftquelle Gottes segnend das Korn mit lebendiger geistiger Lebensenergie durchstrahlt. Christus weiß, was die Erdenmenschen brauchen, um auf diesem niederen Sühneplaneten bestehen zu können. Gesegnete, reine, lebendige Früchte und Samen als Nahrung ergeben vergeistigende Schwingungen, reinere Fluide und Lebenskraft. All dies zieht aufbauende, liebende, fördernde, dienende Gedanken nach sich, sodass die Menschen von ihren Schutzengeln gottgewollt geleitet werden können. Daraus ergeben sich große Vorteile für die Menschen: Gesundheit, Friede, Geborgenheit und nach dem Ablauf der irdischen Lebensspanne das Eingehen in herrliche, glückselige Jenseitssphären.

Hellsehbild des Mittlers:

„Mutter Maria segnet den Wald"

Ich sah einen ganz zartgrünen Wald mit hohen Bäumen. Ungefähr in der Mitte des Bildes erblickte ich die himmlische Mutter. Sie trug eine Art schöner Krone und hatte eine herrliche Korona. Die Färbung war bläulich-weiß und ging in das Grünliche des Waldes über. Mutter Maria segnet die Tiere, Elfen, Gnomen, die Vögel, die Früchte des Waldes usw.

Erklärung der Engel Gottes:

Die einzige Möglichkeit aus unserer geistigen Sicht, dem Waldsterben Einhalt zu gebieten, ist eine radikale Gesinnungsänderung der Erdenmenschen und ihre Hinwendung zu Gott! Des Weiteren wäre dann die Aufklärung der Menschen dahingehend nötig, dass Gott alles Leben spendet zur gegenseitigen Hilfe, und dass nicht nur alles Sichtbare für die Menschen wirkt, sondern ihnen in noch viel größerem Ausmaß das für sie Unsichtbare hilft, ihr Leben zu erhalten. Es sind dies die fluidalen Wesen des Waldes, die Elementseelen, Naturwesen, Dewas, Erzdewas, bis hin zu Mutter Maria. Sichtbare und für die Menschen unsichtbare Wesenheiten bilden überall eine gottgewollte Einheit. Sie ergänzen sich gegenseitig, und das soll die Erreichung ihres Zieles entsprechend fördern.
Mutter Maria wirkt liebend, helfend, dienend, segnend mit, wie im Hellsehbild bestätigt wird. Deshalb, ihr lieben Menschen, bittet Mutter Maria, dass sie euch hilft, den Wald zu erhalten! Bittet für die ganze lebendige Natur, denn eure Lungen brauchen die Lebenskraft aus der Waldluft so sehr, ohne sie ist kein Leben im Menschen- und Tierreich möglich! Helft mit, euch selbst zu erhalten, euch zu retten!

Hellsehbild des Mittlers:

„Christus ist der Eckstein"

Zuerst wurde mir gezeigt, wie sieben Menschen in Büßerkleidung um einen Stein herum gingen und dann hinter dem Stein verschwanden. Einer trug ein Kreuz, auf dem geschrieben stand: Christus rette uns! Auch die anderen Menschen trugen Kreuze. Der Stein war etwas weiß und schraffiert, ziemlich groß, viel größer als die Kreuze, darauf war zu lesen: „Ich bin der Eckstein!" Über diesem Stein, weit im Hintergrund, strahlte das Antlitz Jesu Christi. Er hatte eine strahlend weiße Gestalt.

Erklärung der Engel Gottes:

Die Zeitdauer bis zur großen Zeitenwende ist kurz. Immer mehr wird den Nachfolgern Jesu Christi bewusst, dass auf Erden nur mehr einer die gottgewollte Ordnung wiederherstellen und alles erneuern kann – Christus! Das Symbol der sieben Büßer soll alle Menschen daran erinnern, dass alle am Eckstein, der Christus ist, vorbei müssen. Seine Worte „Jeder, der mein Nachfolger sein will, nehme das für ihn bestimmte Kreuz willig auf sich und folge mir nach!" können euch retten – wenn ihr sie befolgt.

Hellsehbild des Mittlers:

„Hilfe aus Liebe"

Auf diesem Bild war alles etwas verschwommen. Ich sah eine
finstere Schlucht, oben an den Schluchträndern standen auf beiden Seiten Nachfolger Jesu Christi, wie mir gesagt wurde, mit
Leuchten und Flammen. Diese Leuchten strahlten hell und wurden so geneigt, dass die Schlucht, in der scharenweise Erdenmenschen dahinzogen und in der es grau bis ganz dunkel und
finster war, etwas erhellt wurde. Es gab auf beiden Seiten der
Schlucht Schattierungen, welche sich nicht genau schildern
lassen.

Erklärung der Engel Gottes:

Aus geistiger Sicht betrachtet, schaut die Erdoberfläche tatsächlich wie eine gräuliche, manchmal schwach beleuchtete, tiefe
Schlucht aus, der nur das Licht der Engel Gottes, von Christus
gesandt, und eine Aufhellung aus den helleren Fluiden der Nachfolger Jesu Christi ihren Schein gibt. Das Licht der verschiedenen geistigen Wahrheiten – von den Engeln Gottes empfangen,
diese bejahend und nach ihnen lebend – geben die Nachfolger
Jesu Christi weiter an ihre Mitmenschen, die in ihrem Erdenleben
im Dunkel, in der Verführung und Verblendung, Tag für Tag an
ihnen vorbeiziehen.

Hellsehbild des Mittlers:

„Segen über ein geistiges Seminar"

Erklärung der Engel Gottes:

Es war der Wunsch von Christus, dass dieses Seminar abgehalten werden soll. Er gab den hohen Engeln Gottes Helia-Mer, Hardus und Emanuel den Auftrag, die Seminarteilnehmer über die göttlichen Gesetze in der Schöpfung aufzuklären. Zum Beweis, dass diese Zusammenhänge Tatsache sind und nicht nur leere Worte, erhielt der Mittler die folgende Schau:
Christus gab Mutter Maria durch Strahlung seine Gedanken ein und beauftragte sie, diese Strahlung über Engel Gottes in den Seminarkreis zu bringen. Der eine Engel ist ein Bote aus der Sphäre Mariens, der andere ein Bote aus der Christussphäre. Es soll dies nicht nur für die Teilnehmer, sondern in weiterer Folge auch für alle Leser ein Beweis dafür sein, wie innig das Zusammenwirken von Christus, Mutter Maria und den hohen Engeln Gottes mit den Erdenmenschen ist, welche dafür aufgeschlossen sind.

Hellsehbild des Mittlers:

„Die erbarmende Liebe Jesu Christi"

Erklärung der Engel Gottes:

Das Herz symbolisiert die erbarmende Liebe Jesu Christi und soll auch zum Ausdruck bringen, was er gesagt hat: „Wo zwei oder mehrere in meinem Namen versammelt sind, da bin ich mitten unter euch." und „Ich bleibe bei euch bis ans Ende der Zeiten." Es ist also zugleich ein symbolisches Bild des Trostes für alle Menschen, die eines guten Willens sind.

Hellsehbild des Mittlers:

„Geistige Gnadengaben"

Erklärung der Engel Gottes:

Dieses Bild bezieht sich auf die nähere Zukunft. Es kommen Engel Gottes und bringen den Menschen, die eines guten Willens sind, geistige Gaben, durch welche sie dann hellhörend, hellsehend, hellfühlend, heilend und segnend alle Menschen betreuen können, die Hilfe brauchen.

Hellsehbilder und Hellsehfilme

An dieser Stelle lasse ich geistige Erläuterungen zu den beiden unterschiedlichen Hellsehsituationen des Bild-Hellsehens und des Film-Hellsehens folgen. Mit der Hilfe von Emanuel lernte ich, diese beiden Hellsehsituationen zu erkennen, zu beobachten und mich dementsprechend zu verhalten. Jedes Mal, wenn mir so ein Hellsehbild oder Hellsehfilm gezeigt wurde, war ich in einer Art „Ausnahmezustand", was besagt, dass ich, also die Geistseele, vom Körper gelockert war. Dabei gab es aber Unterschiede. Während der Schauung von Hellsehbildern, welche sich nicht bewegten, war die Geistseele in einem weniger gelockerten Zustand als bei meinen Erlebnissen, wo vor meinem geistigen Auge Hellsehfilme abliefen.

Leider wurde ich von meinem Schutzengel oder seinen Helfern vor meinen Hellseherlebnissen nicht auf das Kommende aufmerksam gemacht. Emanuel erklärte mir den Grund dafür: „Wenn wir dir den Ort, den Zeitpunkt oder die genaueren Umstände vorher bekannt geben würden, wärest du voller Erwartungen, verkrampft, gedanklich damit beschäftigt und dein Gemüt wäre durch dieses Fixieren so festgefahren, dass wir Engel Gottes die nötigen Schwingungen nicht aufbauen könnten, was aber als unsere Vorarbeit nötig ist, um dir in höherer Dimension im gelockerten Zustand deiner Geistseele zu Hellsehschauungen verhelfen zu können."

Ein imposanter Hellsehfilm – Erzdewa Hegora

Mit der Veröffentlichung der nachfolgenden Begebenheit, welche ich tatsächlich erlebt habe, werde ich vielleicht auf Unverständnis oder Unglaubwürdigkeit stoßen oder auf Argumente, wie dies gehöre ins Reich der Fantasie. Denn sogar für mich, der ich schon viel mit den Engeln Gottes erlebt habe, ist es eine der seltsamsten mir je gezeigten Schauungen.

Zur Erinnerung: Bei einer unserer Seminarandachten war es am frühen Nachmittag fast finster geworden, da ein mächtiges Unwetter nahte. Dies war der Anlass für uns alle, intensiv zu beten, also den Schöpfer und Christus um Hilfe zu bitten. Mein Schutzengel nannte mir damals den Namen jenes Erzdewas, welcher für dieses Gebiet zuständig ist, die Naturwesen und das Naturgeschehen leitet: Hegora. Was für uns Menschen dann wie ein „Wunder" erschien, hatten wir dem Schöpfer, Christus und Hegora zu verdanken, dass sich die intensiv schwarz daherkommenden Wolkengebilde unmittelbar vor unserem Seminarhaus teilten, wir nicht viel Regen und Sturm abbekamen und so die Andacht abhalten konnten. So weit meine kurze Wiederholung.

Im Rahmen einer anderen Seminarwoche stand für mich wieder einmal ein Termin zur geistigen Fragenbeantwortung durch die Engel Gottes auf dem Programm. Es war ¼-½ 10 Uhr vormittags, als ich langsamen Schrittes die Anhöhe hinaufspazierte in Richtung jenes Hauses, wo meine Zusammenkunft mit dem irdischen Leiter vereinbart war.

Ganz allein ging ich den Hügel hinauf, frei von allen Gedanken, ich beobachtete die Vögel und Schmetterlinge. Plötzlich verspürte ich eine Art Schwindel und eine gewisse Starre bemächtigte sich meines Körpers, sodass ich stehen blieb. Meine Gemütsverfassung änderte sich blitzartig, als ich ein Wesen von gigantischer Größe, Breite und Länge sah. Dieses Wesen bewegte sich über den Wörthersee langsam nach Westen, es flog aber nicht, sondern es schwebte lautlos dahin. Durch die Ausstrahlung dieses kolossalen Wesens wurde ich innerlich von einem Energieschlag getroffen, sodass ich fast mein Bewusstsein verlor.

Kaum hatte ich mich von dieser Schauung erholt, begann mein Verstand zu analysieren: das war kein Vogel, kein Flugzeug, kein Zeppelin, kein mir sonst bekanntes Luftfahrzeug, all das kam nicht infrage, da viel zu klein.

Was mir in diesem beeindruckenden Hellseh-Erlebnis von den Engeln Gottes gezeigt worden war, war Erzdewa Hegora, wie mich mein Schutzengel Emanuel aufklärte, und dass dies ein sogenannter „Breitband"-Hellsehfilm war, denn dieser hatte Zeit, Raum und Bewegung in sich im Unterschied zu den einfacheren Hellsehbildern, wie sie mir schon des Öfteren gezeigt worden waren.

Schnellen Schrittes ging ich dann weiter, um zur vereinbarten Fragenbeantwortung nicht zu spät zu kommen.

Erscheinung einer Sylphe

Dieses Mal machten meine Frau und ich mit Freunden richtig Urlaub – also kein Seminar, keine Andachten, keine Fragenbeantwortungen usw. –, und zwar in der Oststeiermark. Unsere lieben Freunde hatten ihren kleinen Hund mit, namens Daisy. Es war ein lebhaftes Tierchen und bellte auch sehr oft. Von diesem ruhigen Ort aus gab es viele Möglichkeiten für Wanderungen und Ausflüge. Doch wieder einmal hatte ich mich getäuscht, als ich meinte, „richtig Urlaub" machen zu können. Mein Schutzengel Emanuel, der selbstverständlich auch mit dabei war, meldete sich nämlich des Öfteren hellhörend.

Eines Morgens machten wir uns nach dem Frühstück mit dem Hündchen auf den Weg in Richtung einer Mühle. Der Weg dorthin war oft schmal, sodass höchstens zwei Personen nebeneinander gehen konnten, auf der einen Seite ein Bächlein, auf der anderen Seite der steile Berghang. Nach dem Überqueren einer kleinen Brücke gelangten wir auf einen breiteren Weg, welcher zu dritt nebeneinander begehbar war. Meine Frau und unsere Freunde gingen plaudernd voraus, ich folgte mit einigem

Abstand, der Hund lief unermüdlich zwischen uns immer wieder hin und her und bellte uns abwechselnd alle an.

Sein ständiges Hin- und Herlaufen fand ein jähes Ende. Das Tier hielt plötzlich inne, verharrte regungslos und schaute unentwegt in Richtung Brücke, sodass auch ich meinen Blick dorthin richtete. Was ich sah, war entzückend – eine andere Lebensdimension zeigte sich dem Hund und mir: Eine helle Gestalt ragte aus dem Bachbett heraus und wurde zusehends größer und mächtiger. Ich beobachtete nur, keinen eigenen Gedanken denkend, als mich dieses Wesen anlächelte und sich mir noch kurz in ganzer Schönheit und Größe zeigte, dann verblasste die Erscheinung und war nicht mehr.

Mein Verstandesdenken setzte wieder ein, ich begann zu realisieren, lief zur Brücke zurück, wo die Erscheinung stattgefunden hatte – aber es war dort nichts zu sehen als angesammeltes Treibholz, wodurch sich ein kleiner Wasserrückstau gebildet hatte. Auch in den Hund – er hatte diese Erscheinung ja ebenfalls wahrgenommen – kam wieder Leben, und wie zuvor lief er bellend zwischen uns hin und her, als ob nichts geschehen wäre.

Mir Nachzügler gab Emanuel hellhörend folgende Erklärung zu meinem Erlebnis: „Durch deine Lebenskraft, deine Odkraft, und das aufgestaute Wasser bei der Brücke, wodurch genügend „Verdichtungsmaterial" vorhanden war, verdichtete sich dieses Naturwesen mit meiner Hilfe, und so konnte es – eine Sylphe – sich dir zeigen. Ich dankte aus ganzem Sein unserem Schöpfer für die „Wunder" in seiner Natur.

Arme Seelen beim Wegkreuz

Wieder war es in einem unserer Urlaube in der Oststeiermark, als mir ein weiteres geistiges Hellseh-Erlebnis gewährt wurde, welches einen tiefen, nachhaltigen Eindruck bei mir hinterlassen hat. Vieles dort war uns ja schon vertraut, und der nahe Wald lockte meine liebe Frau immer wieder zu ausgedehnten Waldspaziergängen an.

Um den mittleren Waldweg zu erreichen, gingen wir des Öfteren an einem Feldweg vorbei, wo ein eisernes Kreuz stand. Der Platz rund um diese Gedenkstätte war gepflegt und oft mit Blumen geschmückt. Diese Betreuung dürfte von den Bewohnern eines Einschicht-Bauernhauses übernommen worden sein, da das Kreuz in der Nähe stand. Wenn meine Frau und ich diesen Weg zum Wald nahmen, gedachten wir im Gebet der armen Seelen. Es war eine ruhige Idylle, jedes Mal waren wir erfüllt von der einzigartigen Schwingung, die von dort ausging.

Dieses Mal wollte ich eigentlich Pilze sammeln, da wir Einheimische mit Körbchen voll davon gesehen hatten. Aber zuvor machten wir wieder kurz halt, um bei dem schlichten Eisenkreuz zu beten.

Als wir so im Gebet verweilten, kam eine eigenartige Kraftwelle über mich, mein geistiges Auge wurde geöffnet und ich sah einige ganz alte Leute, wie sie uns mit gefalteten Händen zu verstehen gaben, wir sollen weiter für sie beten. Die von mir gesehenen „Menschen" waren kleiner, als wir jetzt sind, schwarz gekleidet und hatten ihrem Alter entsprechende, bleiche Gesichter. Ohne jeglichen Gedanken verharrte ich wiederum einfach starr und schaute diesen Hellsehfilm, wie ich es gelernt hatte, gelassen an. Als diese flehentlichen Bitten um Gebete vorbei waren, sagten wir weitere Gebete zu und gingen in den Wald zum Pilzesammeln.

Geistige Schau einer Seeschlacht

Ein weiteres Hellseh-Erlebnis fand nicht in Österreich statt und hatte aus meiner Sicht keinerlei Beziehung oder Zusammenhang mit einem religiösen oder naturnahen Geschehen.

Zur Vorgeschichte: Meine Frau und ich wurden von lieben Freunden eingeladen, mit ihnen nach Irland zu fliegen. Unsere Bedenken waren ernst, wir standen der Auslandsreise eher ablehnend gegenüber, denn wir beide waren noch nie in einem Flugzeug gesessen. Da unsere Freunde aber alles schon fix organisiert hatten, gab es aus unserer Sicht kein Zurück – also fliegen! Geheuer war uns die ganze Angelegenheit jedenfalls nicht.

Auf meine Frage an meinen Schutzengel Emanuel erhielt ich zur Antwort: „Macht nur mit, ich bin ja auch dabei!" Dies war eine Erleichterung für uns und unsere Bedenken, sodass wir vertrauensvoll Taten zur Vorbereitung unseres Reisegepäcks setzten.

Diese Reise nach Irland war als Rundreise geplant mit verschiedenen Stationen. Der Flug und die Weiterreise mit dem Autobus verliefen gut, das Hotel war auch in Ordnung. Für uns war allerdings sehr gewöhnungsbedürftig, dass es nach unserer gewohnten Zeit um ca. 23 Uhr noch immer hell war, weshalb der Schlaf zu kurz kam. Da wir tagsüber so beschäftigt und diese Rundreisen mit dem Autobus sehr ermüdend waren, blieben immer wieder etliche Mitreisende einfach im Hotel zurück.

Eines Tages war unser Reiseziel auf der Insel die westlichste Stadt Europas. Von unserem Hotel aus war es eine weite Fahrt bis dorthin. Endlich angekommen, war das Wetter sehr windig, zumindest aber nicht regnerisch, wie des Öfteren an den Vortagen. Viele Reisende blieben im Autobus zurück, zu den wenigen, die ausstiegen, gehörte auch ich – waren wir doch so nahe am Atlantik! Das Wellenschauspiel wollte ich mir einfach nicht entgehen lassen.

Es begab sich aber, dass ich mich weiter vom Bus entfernte, als ich ursprünglich vorhatte, um in Sichtkontakt mit meiner Frau zu bleiben. Als ich so allein dieses beeindruckende Naturschauspiel der Wellen erlebte – erlebte ich plötzlich noch mehr! Nichts denkend, nichts wollend, ließ ich den eindrucksvollen Hellsehfilm vor meinem geistigen Auge ablaufen.

Ich sah eine Seeschlacht und ich sah ganz deutlich, wie es dabei zuging. Einige Schiffe waren in dem Meeresabschnitt, den ich zu sehen bekam, daran beteiligt. Dies wurde mir so genau gezeigt, dass ich sogar den Pulverdampf der Kanonen und die abgeschossenen Feuerkugeln sehen konnte. Diese Rauchgebilde waren rötlich bis weißgräulich, die Schiffe waren Segelmaster und man beschoss einander. Es war ein ziemlich langer Hellsehfilm.

Als mein Hellsehen zu Ende war, setzte wiederum meine Analyse ein. Ich prägte mir dieses außergewöhnliche Geschehen ein, fragte jedoch bald meinen Schutzengel Emanuel nach der geistigen Bedeutung der gesehenen Inhalte. Irdisch betrachtet, so erzählte er mir, hatte diese Seeschlacht zwischen der spanischen Armada und der englischen Flotte tatsächlich stattgefunden, und zwar ging es seiner Beschreibung nach unter anderem um die Vorherrschaft und Seeoberhoheit zwischen Spanien und England.

Emanuel erklärte mir, diese Darstellungen seien nur ein Hinweis für mich gewesen, zu beten für die im Zuge dieser Geschehnisse Umgekommenen, die also ihre irdischen Körper verloren haben. „Schau auf den nordwestlichen lang gezogenen Felsen, dort gibt es eine große Anzahl solcher Entkörperter! Sie warten immer noch auf den sogenannten „Jüngsten Tag", dass sie von dort abgeholt werden, denn sie sehnen sich nach Freiheit. Von den jetzt lebenden Erdenmenschen weiß jedoch niemand, dass sie dort ausharren. Wir beten um ihre Freiheit, senden viele Liebesenergien zu ihnen, dass alle, die guten Willens sind, endlich mit den Missionsengeln mitgehen und dadurch von dort befreit werden können." So weit die Ausführungen von Emanuel zu diesem Hellsehfilm.

Messbesucher aus verschiedenen Jahrhunderten

Von einem lieben Freund wurde ich anlässlich eines großen Jubiläums der „Barmherzigen Brüder" eingeladen, an einer Wallfahrt nach Passau teilzunehmen. Meine Überlegungen mitzufahren oder nicht gingen ins Abwägen der Plus und Minus. Da die Pluspunkte überwogen, sagte ich meinem Freund meine Teilnahme zu und er freute sich, mich als Sitznachbar zu haben.

Obwohl wir angesichts der langen Anreise recht früh mit Autobussen losgefahren waren, verspäteten wir uns leider etwas, sodass der Dom bei unserem Eintreffen schon bis zum letzten Platz gefüllt war und weitere Pilgerscharen vor dem Haupttor des Domes standen.

Mein Freund suchte nach einer Lösung, um uns irgendwie Zutritt zu verschaffen, als auf einmal ein Ruck durch die versammelte Menschenmenge ging. Es waren nämlich alle zum Zusammenrücken aufgefordert worden, damit die vor dem Dom versammelten Wallfahrer auch an der Messfeier teilnehmen könnten. So gelang uns beiden der Zutritt durch den Eingang links hinten, nahe beim großen Domtor. Wir reihten uns ein und verfolgten die Predigten, Ansprachen und Gesänge mit, so gut dies von unseren Stehplätzen aus möglich war. Beeindruckend für mich war unter anderem der Hinweis auf die Größe und die Tonabstufungen der Orgel.

Die Messfeier hatte ihren Höhepunkt schon überschritten, als sich vor meinem geistigen Auge etwas abspielen sollte, was ich unter all meinen Hellgesichten als einen Höhepunkt bezeichnen will. Wie ich schon erwähnte, standen wir beide links hinten, in der Nähe des Haupttores, von wo aus ich diesen in meiner Erinnerung verankerten Hellsehfilm genau verfolgen konnte. Ich wiederhole nochmals: Der Dom war gesteckt voll, den ganzen Mittelgang entlang bis zum Domtor standen die Menschen dichtest aneinander gedrängt, einer neben dem anderen.

Plötzlich war ich in einer höheren Dimension hellsehend – und sah durch die irdischen Menschenmassen hindurchgehend eine „alte" Prozession mit einem Kreuzträger an ihrer Spitze. Ihm folgten viele Männer. Da sich die Prozession nur langsam dem Ausgangstor zubewegte, wurde mein Hellsehblick auf diese Bleichgesichtigen gerichtet. Wie mir Emanuel später mitteilte, handelte es sich bei ihnen um sogenannte „Erdgebundene". Wie damals üblich waren sie schwarz gekleidet, nur die weiten weißen Hemdärmel waren unter den schwarzen ärmellosen Jacken zu sehen. Ihre schwarzen Hosen mit Monogramm-Gürtel hatten als für mich besonders auffallend mehrere längs verlaufende Faltenschlitze, welche beim Gehen aufsprangen, sodass darunter Stoff in roter Farbe zum Vorschein kam. Da die Prozession durch die dicht gedrängt stehenden Menschen quasi „hindurchging", als wären die irdischen Wallfahrer gar nicht vorhanden, konnte ich auch den Größenunterschied deutlich erkennen. Die Männer in der Prozession waren um einen halben bis ganzen Kopf kleiner als die Wallfahrer.

Dann sah ich die Frauen näher kommen, sie folgten den Männern, ebenfalls in Zweierreihen gehend, nach. Als Kopfbedeckung trugen sie runde Hütchen in Schwarz, mit schwarzem Schleier, ihre schwarze Kleidung reichte bis zu den Schuhen hinunter. Auffallend war der weiße Rosenkranz, welchen sie in ihren Händen hielten und ihren Mundbewegungen nach beteten. Die an der Prozession teilnehmenden Frauen waren noch kleiner und zarter als die Männer. Die Anzahl der Prozessionsteilnehmer weiß ich nicht, ich konnte nämlich nicht mehr das ganze

Auszugsgeschehen hellsehend wahrnehmen, da ich müde geworden und somit der Hellsehfilm für mich zu Ende war.

Innerlich noch ganz in der anderen Dimension, ließ ich mich taumelnd auf der Steinbank an der Wand nieder. Nach einer kurzen Labung von meinem lieben Schutzengel Emanuel fragte ich meinen Freund Heinz, ob er „irgendetwas Besonderes" wahrgenommen hätte, was er verneinte. Er wollte nur hinaus aus dem Dom, genauso wie ich, denn die Messandacht war schon fast zu Ende und frische Luft tat uns beiden gut. Nachdem ich ihn mit meiner Schilderung der hellgesehenen Prozession in Erstaunen versetzt hatte, suchten wir etwas zu essen und zu trinken zu bekommen, wofür von unserem Veranstalter wohlweislich vorgesorgt war. Soweit ich mich erinnere, folgte nach dieser Stärkung noch eine kurze Stadtbesichtigung mit dem Autobus, bevor wir sehr abgespannt und müde nach Hause fuhren.

Wie bereits erwähnt, erklärte Emanuel mir später noch einiges über die Teilnehmer der Prozession: „Es sind Erdgebundene, arme Seelen, welche auf den sogenannten Jüngsten Tag warten. Sie leben noch in ‚ihren' Häusern wie einst, wo zu Sonn- und Feiertagen der Kirchenbesuch obligat war. Es wurde dir dies alles gezeigt und die Bitte ergeht an dich, viel zu beten für diese armen Seelen, die in ihrem Bewusstsein auch noch einen gewissen Standesdünkel tragen."

Ich tat es selbstverständlich gerne, für diese Menschen von einst, die zu armen Seelen geworden sind, innig um Befreiung zu bitten. Freudig dankte ich allen Engeln Gottes, welche wieder dazu beigetragen haben, mir dieses Erlebnis gewahr werden zu lassen.

Mein einziger Hellsehfilm
aus einer Jenseitssphäre

Anlass für dieses Erlebnis war eine geistige Anfrage von Frau Gisela Weidner an ihren Schutzengel, der damals bei uns wirkte, um zu erfahren, wie es ihrer ins Jenseits abberufenen Tochter Eva ginge, in welche Sphäre sie gekommen wäre und wo sie jetzt lebe.

Da ich mich weder an eine Antwort des zuständigen Schutzengels erinnern kann, noch eine Tonbandaufzeichnung zur Verfügung habe, kann ich nur das wiedergeben, was ich von meinem damaligen Erlebnis im Gedächtnis behalten habe.

Wir hatten eine Zusammenkunft, bei der auch Frau Gisela Weidner anwesend war. Plötzlich öffnete sich vor meinem geistigen Auge ein lichtdurchstrahlter endloser „Raum". Von rechts kam langsam eine große weiße Kugel, ähnlich einem Schneeball, in mein „Sichtfeld" und rollte immer näher auf mich zu. Mit einem Mal sprang diese Kugel entzwei – und eine rosa-weiß gekleidete junge Frauengestalt stieg heraus. Sie lächelte, bewegte sich harmonisch, winkte, trat näher und bewegte ihre Lippen, als ob sie mir etwas sagen wollte. Leider konnte ich keine Worte vernehmen, das ganze Sphärenbild verblasste nach kurzer Zeit, alles war wieder weg und ich selbst fühlte mich müde.

Als ich Frau Gisela Weidner diesen Hellsehfilm erzählte, konnte sie aus meiner seinerzeit wohl ausführlicheren Beschreibung ihre Tochter Eva erkennen.

Eine himmlische Schutzengelandacht im Wald

Die folgenden Gedanken sollen als Einführung zu einem weiteren Erlebnis mit den Engeln Gottes dienen: Anlässlich des Schutzengelfestes erging alljährlich von Karla und ihrem Mann

Josef die Einladung an die Mitglieder unserer Gemeinschaft zu einer gemeinsamen Andacht im Wald bei einem Bildstock, den die beiden selbst errichtet hatten. Er steht in einem einsamen Waldstück, wo nur gelegentlich Wanderer anzutreffen sind.

Soweit meine Erinnerung reicht, waren diese Waldandachten zu Ehren der Schutzengel etwa zwanzig Mal abgehalten worden und erfreuten sich regen Besuchs. Mit Gebet, Gesang, Geigenspiel, Lesungen, Ansprachen usw. gedachten wir Teilnehmer unserer Schutzengel. Da sich die Abhaltung dieser Feier in den umliegenden Orten herumgesprochen hatte, kamen auch von dort Besucher, um mitzufeiern. Im Anschluss an die eigentliche geistseelische Feier gab es noch ein fröhliches Beisammensein. Meiner Erinnerung nach waren je nach besserem oder schlechterem Wetter bis zu 60 Personen anwesend.

An jenem Sonntag, an dem wieder eine Schutzengelandacht angesetzt war, gab es vormittags Regen, um die Mittagszeit hellte es auf, Sonne und Wolken wechselten einander ab, sodass auch meine liebe Frau und ich die Fahrt zum Bildstock im Wald riskierten. Als wir dort ankamen, waren schon viele Teilnehmer versammelt. Dem üblichen Ablauf entsprechend war es zunächst ein Schutzengelfest wie jedes andere.

Ich stand etwas abseits, die Sonne war schon von den Bäumen verdeckt. Nichts ahnend eröffnete sich mir mit einem Mal ein himmlisches Geschehen etwas oberhalb, im Baumgeäst und in den Sträuchern, ungefähr 15-20 m von mir entfernt. Wie ich von Emanuel belehrt worden war, verhielt ich mich ganz ruhig. Ohne jegliche Gedanken ließ ich den Erscheinungsreigen an meinem geistigen Auge vorbeiziehen, ich durfte dabei sein, bei dieser himmlischen Pracht.

Nachdem meine Schauung dieses Besuches aus den Himmeln vorbei war, begann ich wieder mit meinem Verstand zu analysieren. Gespürt hatte ich eine Art Sog, was ich so auslegte, dass ich in die Schwingung der Engel Gottes miteinbezogen war. Diese

Interpretation meiner Empfindungen war aber unrichtig, wie mir mein Schutzengel Emanuel erklärte: „Das, was du als Sog empfunden hast, war ein Absaugen deiner Lebenskräfte, sodass sich die hohen Engel Gottes für dein Auge sichtbar verdichten konnten."

Ich zog mich noch etwas weiter von den anderen Teilnehmern zurück, denn Emanuel wollte mir diese Erscheinung der Engel Gottes noch näher erläutern. Darüber war ich sehr, sehr froh, denn ich hatte viele Engelgestalten in den Ästen der nahen Bäume gesehen, konnte sie später aber weder zuordnen noch im Gedächtnis behalten.

Emanuel klärte mich ungefähr folgendermaßen auf: „Der erste große Engel mit den weiß-golden leuchtenden Farben war Erzengel Raphael, der oberste Führer aller Schutzengel. Dann kamen in verschiedenen Farbschattierungen viele Schutzengel, jeder mit einem bestimmten Fachgebiet, welches er leitete." Emanuel zählte mir einige davon auf, meinte aber, dass ich mir diese Zuständigkeiten der Engelwesen sicherlich nicht merken würde. „Behalte diesen himmlischen Besuch in heller Erinnerung! Da sich alles so schnell und überraschend für dich vollzogen hat, werde ich mit deiner Hand eine Skizze anlegen, und du bittest dann im Namen von Erzengel Raphael und den anderen Spezialengeln die liebe Malerin Karla, davon ein Bild zu malen, welches Josef am Bildstock anbringen soll."

Diesen Auftrag von Emanuel führte ich aus, aber meine Skizze war erbärmlich gegenüber dem, was ich zu sehen bekommen hatte. Meine Bitte, welche im Auftrag von Emanuel an Karla und Josef erging, wurde freudig angenommen und alles so ausgeführt, wie es Emanuel erbeten hatte.

Dieses Bild der Engel Gottes in vielen bunten Farben ist auch heute noch zu sehen, und zwar hinter Glas auf dem Bildstock im Wald – und für die Leser dieses Buches ein Foto davon

sowie ein Foto des Bildstockes – dank der großzügigen Hilfe von Karla und Josef. Ihnen sei himmlischer Dank! Es ist einfach bezaubernd, wie die Malerin Karla diese Engelfiguren so vielfärbig ausgeschmückt hat. Danke!

Eine Schau in mich

Dieses Erlebnis, welches ich jetzt beschreiben werde, ist einmalig in meinem Zusammenwirken mit den Engeln Gottes, besonders mit meinem lieben Schutzengel Emanuel.

Vor längerer Zeit – ich erinnerte mich kaum noch daran – hatte Emanuel Kundgaben über die sogenannten „Geisteskräfte" durch mich durchgegeben. Dieser Kundgaben mit ihrem so wertvollen Inhalt hat sich damals Frau Gisela Weidner mit großer Freude angenommen und sie unter dem Titel „Die Geisteskräfte des Menschen und geistige Meditation"[7] in Buchform herausgegeben.

Diese ausführlichen geistigen Kundgaben über die Geisteskräfte waren in meinem Denken längst überlagert von verschiedenen anderen Durchgaben, die inzwischen von den Engeln Gottes durch mich als Sprechmedium oder als Schreibmedium übermittelt worden waren, aber auch von den vielen Fragenbeantwortungen, welche mein Schutzengel Emanuel einmal wöchentlich für die Andachtsteilnehmer durch mich erfüllte.

Dies führe ich ganz bewusst hier an, da ich diese Geisteskräfte in mir völlig unvorbereitet erlebte, ohne an sie zu denken oder mich mit ihnen zu beschäftigen. Ich kann mich auch nicht daran erinnern, dass ich bei den Offenbarungen der Geisteskräfte Emanuel gebeten hätte, diese Geisteskräfte in mir in Wirklichkeit sehen zu dürfen. Jedenfalls geschah es, das Wunderbare, das Einmalige, das Wirkliche, dass ich sie in mir sehen durfte!

[7] siehe Literaturverzeichnis

Das mir davon in Erinnerung Gebliebene kam also wieder nicht zu einem Zeitpunkt, wo ich darauf vorbereitet gewesen wäre, sondern es war einfach plötzlich da. Ich weiß auch nicht mehr, wo ich mich gerade befunden hatte, noch ob Anzeichen vorausgegangen waren. Es war so ergreifend, von so einer ganz anderen Dimension, dass ich es kaum fassen konnte!

Ich weiß bloß, dass ich bei Bewusstsein war und nur „in mich" schaute. Was sah ich? Mein geistiges Auge war wie gebannt auf mich selbst gerichtet, denn nicht der Körper ist das wahre „Ich", sondern was ich im Inneren sah!

Ich hatte dabei ein höchstes Empfinden von Lebensfreude, einen Zustand, welchen ich vorher in der Form noch nie erlebt hatte! In Erinnerung meiner Belehrung von Emanuel wusste ich: Ich darf nichts anderes wollen oder erbitten oder an irgendwelche irdischen Dinge denken, sonst ist diese gewaltige Offenbarung vorbei!

So sah ich zum Beispiel hell leuchtende Rädchen, welche innerlich an bestimmten Stellen sehr schnell rotierten.

Dann nahm ich noch drei „Hüllen" in mir wahr, welche aber aufeinander abgestimmt ineinander strahlten. Ob es die inneren Energieträger – Ätherkörper, Astralkörper und Mentalkörper – waren, weiß ich nicht.

Zu meiner überragenden Freude bin ich innerlich hell strahlend, in schnell wechselnden Farben, welche mich an einen Regenbogen erinnerten!

Eine beeindruckende neue Erkenntnis bereitete mir auch der innerliche Duft. Dieses Odkraft- oder Lebenskraftgemisch war nur ganz zart, aber doch für mich wahrnehmbar.

Von der inneren Beschaffenheit meines materiellen Körpers sah ich nichts, da mein geistiges Auge eben nur „nach innen" fokussiert war. Da wurde ich ganz nachdenklich, was für ein Wunderwerk unseres Schöpfers das Kind Gottes ist, also „Ich" bin. Denn von unserer Erschaffung her sind wir alle gleich,

Gottesfunke und Christuslicht sind die „Ursache", dass wir leben. Der Unterschied zwischen uns Menschen liegt in unserer geistseelischen Entwicklung, welche ich allen Menschen anrate, sie stetig zu vervollkommnen.

Aber zurück zu den Geisteskräften und ihrem Wirken in mir: Wenn ich einmal im lichten Jenseits angekommen bin und die dafür erforderliche Reife mir errungen habe, dann werde ich mir das Wirken der Geisteskräfte genauestens anschauen. Leider werde ich dieses Erleben euch, liebe Leser, nicht mitteilen können, da die „Wand der Materie" dazwischen liegt.

So gut ich aus meiner Erinnerung schöpfen konnte, habe ich mit diesem ganz besonderen Erlebnis zu vermitteln versucht – und ich hoffe, es ist mir auch gelungen –, dass wir Erdenmenschen mehr sind als nur der Materienkörper, denn wie ich sah, lebt die Geistseele in gottgewollten Veränderungen ewig!

Zu Tode betrübt – himmelhoch jauchzend!

Mit diesen Worten möchte ich meine geistseelischen Zustände beschreiben, welche ich vor noch gar nicht allzu langer Zeit erlebte.

Als ich nach der Weihnachtsandacht 2019 erfuhr, dass St. Josef und mein Schutzengel Emanuel sich aus unserer geistigen Gemeinschaft verabschiedet haben, weil sie von Christus für die Erfüllung anderer geistiger Aufgaben einberufen worden sind, umfing mich tiefe innere Trauer. Eine Leere erfasste mein Gemüt, seelische Einsamkeit war die Folge. Einfach ausgedrückt, ich fühlte mich alleingelassen, denn nach mehr als fünf Jahrzehnten inniger Verbundenheit mit den Engeln Gottes war es plötzlich still geworden. Kein Kontakt mehr über das Hellhören, keine Antworten der Engel Gottes mehr, wie ich es all die vielen Jahre erleben hatte dürfen, seit mir dieses Gnadengeschenk des Hellhörens damals, bei meinem Waldspaziergang mit dem Burschi, zuteilgeworden war.

In dieser für mich tristen Situation rief ich viele Engel Gottes im Gebet an – Nell, Laurentius, Hardus, Emanuel, St. Josef, die Geistärzte Ulf und Egon –, leider blieb alles stumm. Mein Gemütszustand war auf dem Tiefpunkt.

In diesem Seelenzustand erfassten mich infolge meiner niederen Schwingung die satanischen Mächte. Mit ihren ätzenden Suggestionen betrübten sie mich noch mehr. Ihre Angriffe zielten darauf ab, mein Vertrauen zu den Engeln Gottes auszuhebeln, damit mich der Zweifel packen sollte. Vieles führten sie mir ins Bewusstsein, zum Beispiel die große Täuschung, der ich in meinem Leben erlegen wäre, die Unwirklichkeit, dass ich von den Engeln Gottes geführt wurde, bis hin zu ihrem infamen Angebot: „Lass dich ab jetzt von uns führen, wir sind treuer als die anderen!"

Oft war ich wie gelähmt, diesen satanischen Mächten entgegenzutreten, aber ein guter, erholsamer Schlaf machte mich immer wieder stärker, und die vielen Gebete waren mir Hilfe und Stütze in diesem Abwehrkampf. Ich besann mich dessen, was ich schon gelernt und auch viele, viele Male mit Erfolg angewendet hatte, der Gedanken- und Gefühlskontrolle! Durch den inneren Widerstand, den ich leistete, und durch viel Gebetshilfe wurde ich stärker, und so entzog ich mich einfach den negativen Gedanken und Gefühlen, den Suggestionen, welche die Waffen der satanischen Mächte sind, um Menschen auf ihre Seite zu ziehen.

Da ihre bösartigen Suggestionen, mich auf ihre Seite zu ziehen, so nicht funktionierten, versuchten sie es mit einer anderen Taktik, und zwar mit freundlichen Suggestionen, die sie mir präsentierten, wie zum Beispiel: „Wir unterstützen dich auch materiell" – was die anderen nicht konnten –, „wir können dies, hab doch Vertrauen zu uns!"

Durch eine gewisse Kräftigung und Höherschwingung erreichte ich schließlich ein seelisches Plateau, welches – gemäß meiner Ausbildung im medialen Wirken – „Entschlossenheit" heißt.

Allerdings setzte eine weitere boshafte Welle ein, um mich gefügig zu machen. Es gingen einige materielle Vorhaben und manches spezielle Wollen in die Brüche. Man wollte mich auch dahingehend täuschen, dass man mir gewisse materielle Nachteile, die ich in meinen letzten Berufsjahren erlitten hatte, als persönliche Niederlagen vor Augen stellte. Dabei waren mir die vielen Gelegenheiten, im Pflegedienst nächstenliebend tätig sein zu können, doch viel „wertvoller" als bessere Verdienstmöglichkeiten.

Auch meine Gesundheit war schon etwas mitgenommen, ich fühlte mich wie ausgesogen, ermattet, aber meine Hilferufe zum Schöpfer und zu Christus wurden auf wunderbare Weise erhört.

Der Retter aus meiner Not

Während der Zeit meiner früheren Mediumschaft durfte ich ja, wie schon erwähnt, viele Hellsehbilder und Hellsehfilme erleben, einige davon sind mir noch in Erinnerung geblieben. Dieses Geschehen aber, das mir in dieser Lebenssituation als ganz außergewöhnliches geistseelisches Erlebnis zuteilwurde, möchte ich jetzt schildern, so gut ich es in meinen menschlichen Worten auszudrücken vermag:

Nachdem ich die Angriffe der satanischen Mächte abgewehrt und ein positives, höheres Schwingungsniveau erreicht hatte, also wieder Herr über mich selber war, kam mir in einem gehobenen Zustand geistseelischer Verinnerlichung auf einmal ein Jesus-Wort in den Sinn: „Die Versuchungen kann man nicht aus dieser Welt schaffen." Darüber meditierte ich, ob ich in den an mich herangetragenen Versuchungen auch richtig gehandelt hätte. Leichter wäre es mir sicherlich gefallen, wenn zumindest einer der Engel Gottes, welche früher bei mir waren, mich dabei unterstützt hätte. Es war eben so, dachte ich etwas bitter, ich muss den Kampf wohl allein ausfechten.

Während ich so in der Meditation höhergeschwungen diese Worte Jesu weiter verinnerlichte und den daraus sich ergebenden Folgen nachhing, begannen meine Gedanken und Gefühle sehr stark zu kreisen und ich fragte mich: „Muss ich denn in Zukunft ohne Führung durch die Engel Gottes allein durchs Leben gehen?" …

Da erfasste mich ein Zustand der Hellsichtigkeit und das daraufhin empfangene Hellsehbild gab mir auf meine Frage eine Antwort, die mich himmelhoch jauchzen ließ: Es erschien das Lichtwort JESU! Hellsehend nahm ich dieses Lichtwort (wie ich es vom Herz Jesu kenne) in orangeroten Blockbuchstaben wahr: JESU. So stand es vor meinem geistigen Auge! Es erfasste mich eine Schwingung, welche ich schon in der Überschrift zum Ausdruck brachte: himmelhoch jauchzend! Dieses wahre Liebeszeichen von Jesus in meinen Nöten nahm ich mit größter Freude entgegen. Dank und Zuversicht, Lebensfreude, Treue zu Jesus, Liebe zu Gott und meinen Nächsten – dies alles und noch mehr erfüllte meine Seele! Ich hatte wieder einen mich Führenden, und welchen: JESUS!

So wurde ich erhört in meinem standhaft durchgehaltenen Kampf der Treue!

Es ist nur eine verhältnismäßig kurze Zeit vergangen seit diesem Jesus-Erlebnis, aber ich merke, ich habe in Jesus Halt und Sicherheit, und vor allem Liebe. Diese Verbindung mit Jesus will ich nie mehr missen! Ich danke dafür immer wieder und will, so gut ich kann, dazu beitragen, dass diese innige Verbindung mit meinem geliebten Jesus aufrechtbleibt!

Ein weiser Plan Gottes geht in Erfüllung

Mit einer kleinen Ergänzung zu meinem vielfältigen Wirken als Mittler im Willen Gottes und im Auftrag Christi will ich meine Erlebnisse mit den Engeln Gottes zum Abschluss bringen.

Auf die seinerzeitige geistige Anfrage des damaligen irdischen Leiters Josef, warum ich nicht als Heilmedium ausgebildet worden bin, erklärten die Engel Gottes, dass der für mich vorgesehene weise Plan Gottes in meiner konzentrierten medialen Ausbildung in den Funktionen Schreiben, Sprechen, Hellhören, Hellsehen sowie darin besteht, meine Odkräfte den Engeln Gottes, den Geistärzten usw. zur Verfügung zu stellen.

„Wir Engel Gottes wollen in Geborgenheit und Ruhe, geschützt vor der Öffentlichkeit wirken, denn es ist ein Stab von Geistwesen als Menschen inkarniert, welche beitragen sollen, dass dieser weise Plan Gottes auf Erden gelinge."

Damals wusste niemand von uns Menschen, wie der Plan abläuft und wer die tragenden Menschen sind, die sich zu diesem Zweck inkarniert haben. Ich selbst kann den Ablaufplan der mehr als 50 Jahre meines Dienens mit den Engeln Gottes in keiner Weise erfassen, noch Einzelheiten bei den anderen, in ihren Aufgabenbereichen dienenden Personen.

Mein persönliches Hauptziel war und ist – den Willen Gottes und den Auftrag Christi durch die Engel Gottes und ihre Lenkungen zu erfüllen. Aus meiner demütigen und kleinen Sicht ist alles bisher wohl gelaufen.

Zum vorläufigen Ende meiner Dienste als Medium, also als Mittelsperson zwischen den Engeln Gottes und den Erdenmenschen, darf ich ein freudiges und liebevolles Danke sagen. Und sollte ich noch in irgendeiner Weise gebraucht werden, stelle ich mich mit meinem freien Willen den Engeln Gottes wieder freudig zur Verfügung!

Nachwort der Herausgeberin

Der Ausklang dieses Werkes sei dem Ausdruck des Dankes gewidmet. Im Namen der Leserschaft ergeht ein herzliches Danke an den lieben Mittler für seine gehorsame und mutige Erfüllung dieser für ihn ganz besonderen Aufgabe, aber auch für seine nicht selbstverständliche menschliche Bereitschaft, uns mit seinem freien Willen so lebendige Einblicke in sein Erdenleben mit den Engeln Gottes zu gewähren.

Danke aber auch allen Engeln Gottes für ihr wohlweisliches vielfältiges Unterstützen aller an der Herausgabe und Veröffentlichung dieses Werkes Beteiligten – ist doch die Freude groß, dem Wunsch von Christus zur Erfüllung zu verhelfen, dass dieses Buch zu einem Wegweiser werde, damit viele Erdenmenschen wieder auf den Weg zu ihm, zu Christus, gelangen können!

Wenn wir uns auf den Weg zu ihm aufmachen, also den Weg der Nachfolge Jesu Christi, näher mein Gott zu dir, antreten, werden wir geführt, gelenkt und geleitet – von den lieben Engeln Gottes. Scharenweise sind sie als unsere Wegbegleiter um uns bemüht. Lernen wir, sie um ihren Schutz und ihre Hilfe zu bitten, dann werden auch wir uns immer öfter gewahr werden unserer Erlebnisse mit den Engeln Gottes!

Literaturverzeichnis

Im Gisela Weidner-Eigenverlag erschienene Bücher:

Weidner, G. (Hrsg.): Laurentius – Schritte der Tat zur Entwicklung
Weidner, G. (Hrsg.): Offenbarung der Zukunft bis zur Wiederkehr Jesu Christi
Weidner, G. (Hrsg.): Erkenne dich selbst
Weidner, G. (Hrsg.): Ewige und endliche Gesetze Gottes
Weidner, G. (Hrsg.): Der Weg zur Gesundheit
Weidner, G. (Hrsg.): Laurentius – Die Nachfolge Jesu Christi
Weidner, G. (Hrsg.): Woher komme ich – Wozu lebe ich – Wohin gehe ich
Weidner, G. (Hrsg.): Zukünftige Ereignisse auf Erden
Weidner, G. (Hrsg.): Zukunftsweisende Berichte
Weidner, G. (Hrsg.): Maria – Mutter Jesu
Weidner, G. (Hrsg.): Astralreisen
Weidner, G. (Hrsg.): Die Geisteskräfte des Menschen und geistige Meditation
Weidner, G. (Hrsg.): Emanuel
Weidner, G. (Hrsg.): Karma und Reinkarnation
Weidner, G. (Hrsg.): Geistige Wahrheiten
Weidner, G. (Hrsg.): Geistiges ABC
Weidner, G. (Hrsg.): Sag ja zu Gott und deinem Leben
Weidner, G. (Hrsg.): Die Glücklichpreisungen Jesu 1. Teil
Weidner, G. (Hrsg.): Die Glücklichpreisungen Jesu 2. Teil
Weidner, G. (Hrsg.): Nahrung für deine Seele
Weidner, G. (Hrsg.): Religio
Weidner, G. (Hrsg.): Gespräche mit Drüben
Weidner, G. (Hrsg.): Intuitive Heilmeditation
Weidner, G. (Hrsg.): Befreiung von Angst
Weidner, G. (Hrsg.): Blicke in die Vorhölle
Weidner, G. (Hrsg.): Dein Schutzengel und du
Weidner, G. (Hrsg.): Das sichere Geleit
Weidner, G. (Hrsg.): Der Weg zur Geborgenheit
Weidner, G. (Hrsg.): Balsam für dein Leben
Weidner, G. (Hrsg.): Stufen zum Licht und zur Freiheit
Weidner, G. (Hrsg.): Die Spirale zum geistigen Erfolg
Weidner, G. (Hrsg.): Perlen aus geistigen Höhen
Weidner, G. (Hrsg.): Komm höher herauf
Weidner, G. (Hrsg.): Unsere Brücke zum ewigen Ziel
Weidner, G. (Hrsg.): Sprossen zum geistigen Aufstieg
Weidner, G. (Hrsg.): Geistige Blüten zur Höherentwicklung
Weidner, G. (Hrsg.): Geleit aus dem lichten Jenseits
Weidner, G. (Hrsg.): Die menschliche Traumwelt

Weidner, G. (Hrsg.): Wohin komme ich nach diesem Leben
Weidner, G. (Hrsg.): Wie ergeht es mir nach diesem Leben
Weidner, G. (Hrsg.): Wie sieht meine Heimat aus nach diesem Leben
Weidner, G. (Hrsg.): Wie erreiche ich eine schöne Heimat
Weidner, G. (Hrsg.): Das Tor zum schönen Weiterleben
Weidner, G. (Hrsg.): Ursache Sinn und Zweck des Menschen-Erdenlebens
Weidner, G. (Hrsg.): Rette deine unsterbliche Seele
Weidner, G. (Hrsg.): Nütze deine kurze Erdenzeit für eine schöne Unendlichkeit
Weidner, G. (Hrsg.): Zu neuen Lebensufern
Weidner, G. (Hrsg.): Wissenschaftler des Uranus testen Erdvölker
Weidner, G. (Hrsg.): Geist – Kraft – Stoff
Weidner, G.: Ich ging im Erdenleben durchs Feuer zum Licht

Zu beziehen sind die Bücher aus dem Gisela Weidner-Eigenverlag
über den Laurentius-Buchhandel:
Tel. u. Fax: 0043 (0)2239 34546 oder Tel.: 0043 (0)664 1636547
E-Mail: laurentius.buchhandel@gmail.com.

Im Verlag Books on Demand erschienene Bücher von Vera C. Lux:

Aus der Reihe LEBENSDIMENSIONEN:
Lux, Vera C.: Ich lebe ewig! Und du?, Band 1
Lux, Vera C.: Lebensaufgabe Seelenreifung, Band 2